삼천리반도 금수강산

공동체를 위한 한국교회사 읽기

부족한 사람의

연구와 교수사역을 위해

석좌교수 지원을 해 주고 있는

명선교회의 배성태 목사님과 온 공동체에

이 작은 책을 바칩니다.

삼천리반도 금수강산

공동체를 위한 한국교회사 읽기

정 성 한

삼천리반도 금수강산

2008년 11월 10일 초판 1쇄 인쇄
2008년 11월 15일 초판 1쇄 발행

저 자 • 정 성 한
발행인 • 조 경 혜
발행처 • 도서출판 그리심
156-763 서울시 동작구 사당5동 196 인정 B-B01

등록번호 • 제 7-258호(1998. 4. 23)
출 판 사 • 전화 523-7589 팩스 523-7590
홈페이지 • http://grisim.biz
전자우편 • grisimcho@hanmail.net

값 : 표지 뒷면에

ISBN 978-89-5799-221-0 93230

2008

by

Grisim Publishing Company, Seoul, Korea

삼천리반도 금수강산

공동체를 위한 한국교회사 읽기

정 성 한

지은이 정성한은 시골교회 전도사의 여섯 남매중 막내로 태어나
장로회신학대학교에서 신학사, 교역학석사, 신학석사,
신학박사학위를 취득하였고,
중간에 연세대학교 대학원에서 철학을 공부하였습니다.
포천의 사랑방교회에서 부목사로,
포항 호미곶의 강사교회에서 담임목사로 섬겼고,
현재는 영남신학대학교(석좌교수)에서 역사신학을 강의하면서,
「한국기독교 역사와 공동체 연구소」를 운영하고 있습니다.

저서로는
『유난히 비밀많은 나의 친구들아!』(도서출판예수마을, 1995)
『교회의 일치와 선교』(도서출판예수마을, 1999)
『사료 한국기독교회사』(도서출판예수마을, 1999)
『한국기독교통일운동사』(도서출판그리심, 2003)
『역사와 교회』(주)한국학술정보, 2008)가 있습니다.

글 달

1월 : 조선의 말로 조선의 백성과 함께 하시는 하나님! · 11

- 처음 자생적 신앙공동체 이야기

2월 : 조선에 온 바울과 실라들! · 21

- 처음 선교사 공동체 이야기

3월 : 찾아가고 찾아오는 사람들! · 31

- 제중원 신앙공동체 이야기

4월 : 말씀을 만나러 오는 사람들! · 40

- 1907년 신앙대부흥운동 이야기

5월 : 애통하는 사람들이 부르는 노래! · 53

- 한국교회의 애가(哀歌) 이야기

6월 : 하나의 목표, 그러나 함께 갈 수 없었던 사람들! · 65

- 복음과 이념 이야기

7월: 왕을 위해 기도하고, 동족을 위해 싸우는 사람들! · 71

- 복음과 민족 이야기

8월 : 참 진리의 맛을 본 사람들! · 97

- 복음과 사회 이야기

9월 : 목숨보다 주님을 더 사랑했던 사람들! · 113

- 한국교회의 순교자들 이야기

10월 : 당신 덕분에 행복합니다! · 127

- 공동체 영성 이야기

11월 : 노동하는 것이 기도요, 기도하는 것이 노동인 사람들! · 139

- 공동체 운동 이야기(1)

12월 : 땅에 있는 하나님의 나라를 사는 사람들! · 149

- 공동체 운동 이야기(2)

서 문

역사 속에 교회가 있고, 교회 속에 역사가 있습니다. 이 말은 곧 역사가 교회이고, 교회가 역사인 것으로 들립니다. 그렇습니다. 저에게는 적어도 교회와 역사, 또는 역사와 교회는 같은 말입니다. 교회가 그리스도의 몸이고, 이 땅에 있는 하나님의 나라이기에 더욱 사랑합니다.

복음은 교회를 생겨나게 하고, 교회는 복음으로 살아가는 사람들의 다양한 삶의 흔적들을 이 땅 '삼천리반도 금수강산' 곳곳에 남겨 놓습니다. 그리고 그 흔적들은 오늘을 사는 우리 삶과 마음에도 닿아 있습니다. 이 작은 책은 우리 삶과 닿아 있는 이야기들을 찾아 한 줄로 꿰어 본 것입니다. 우리 삶을 들여다보니, '좌'가 있고 '우'도 있으며, '남'이 있고 '북'도 있습니다. 그래서 우리 삶에 닿아 있는 것은 모두 소중히 여기려 애를 썼습니다.

우리 민족은 참 할 일이 많은 민족입니다. 개신교가 이 땅에 처음 들어오던 때도 그랬지만 지금도 여전히 곳곳에서 우리를 부릅니다. 신앙대부흥운동이 있던 해인 1907년에 남궁억(1863-1930) 선생님이 노랫말을 지어 주셔서 한국교회가 부르기 시작한 찬송가가 있습니다.

"삼천리 반도 금수강산 하나님 주신 동산,

1. 이 동산에 할 일 많아 사방에 일꾼을 부르네

2. 봄 돌아와 밭 갈 때니 사방에 일꾼을 부르네
3. 곡식 익어 거둘 때니 사방에 일꾼을 부르네
곧 이날에 일 가려고 누구가 대답을 할까.
일하러 가세 일하러가 삼천리강산 위해
하나님 명령 받았으니 반도 강산에 일하러 가세"

이 노랫말은 한국교회가 처음 부르던 그 때나 지금이나 우리 민족의 가슴에 깊이 스며들어 오고 있습니다. 이 책의 이름을 『삼천리반도 금수강산』이라 붙인 이유도 부름받은 한국교회가 삼천리반도 금수강산 곳곳에 민족을 위해 남겨놓은 흔적들을 모아본다는 뜻으로 그렇게 했습니다. 그리고 우리 금수강산의 계절들이 다달이 제 색깔들이 있기에 한국교회의 다양한 삶을 표현하는 뜻에서 각각의 글들을 열두 달로 표시해 보았습니다.

이 책에 담겨진 내용 대부분은, 1907년의 신앙대부흥운동 100주년 맞이 특집으로 월간 『교육교회』에 2007년 한해 연달아 올린 글들입니다. 매달 꼼꼼히 쓰려했지만 내용이 어긋났던 부분들을 고쳐 썼고, 한 묶음의 책으로 엮어내려니 부족한 부분도 보여 조금 더 덧붙여 썼습니다. 그래도 아직 아쉬움이 많이 남아 있습니다.

이 책의 글들은 본래 교회 지도자들인 전도사님들이나 교사 선생님들이 한국교회의 역사와 잘 사귀었으면 하는 바람이 깊이 깔려 있었습니다. 그러므로 글이 읽는 분들에게 쉬우면서도 친밀하게 느껴지도록 각주를 생략하고 이야기체를 사용했습니다. 그러면서도 한국교회 삶의 깊은 알갱이들을 책의 내용에 고스란히 담아 모든 이들에게 도란도란 이야기 거리가 되었으면 하는 욕심도 슬며시 내 보았습니다.

이런 욕심을 가능하게 해 준, 장로회신학대학교 기독교교육연구원『교육교회』편집진들, 그리고 늘 한결같은 마음으로 책을 아름답게 꾸며주는 도서출판 그리심의 조경혜 권사님 및 함께 일하는 여러 분들에게 감사를 드립니다.

이 작은 책을 그동안 필자의 연구와 교수사역을 위해 석좌교수 지원을 해 온 경기도 용인의 명선교회 배성태 목사님과 온 공동체에 바칩니다. 명선교회의 온 지체들이 뜻하는 '우리나라, 모든 나라, 하나님 나라'의 소망에 한 마음 더 보태 드립니다.

> "하늘에 계신 우리 아버지여, 이름이 거룩히 여김을 받으시오며, 나라가 임하시오며, 뜻이 하늘에서 이루어진 것 같이 땅에서도 이루어지이다."(마 6:9,10)

2008년 가을

정성한

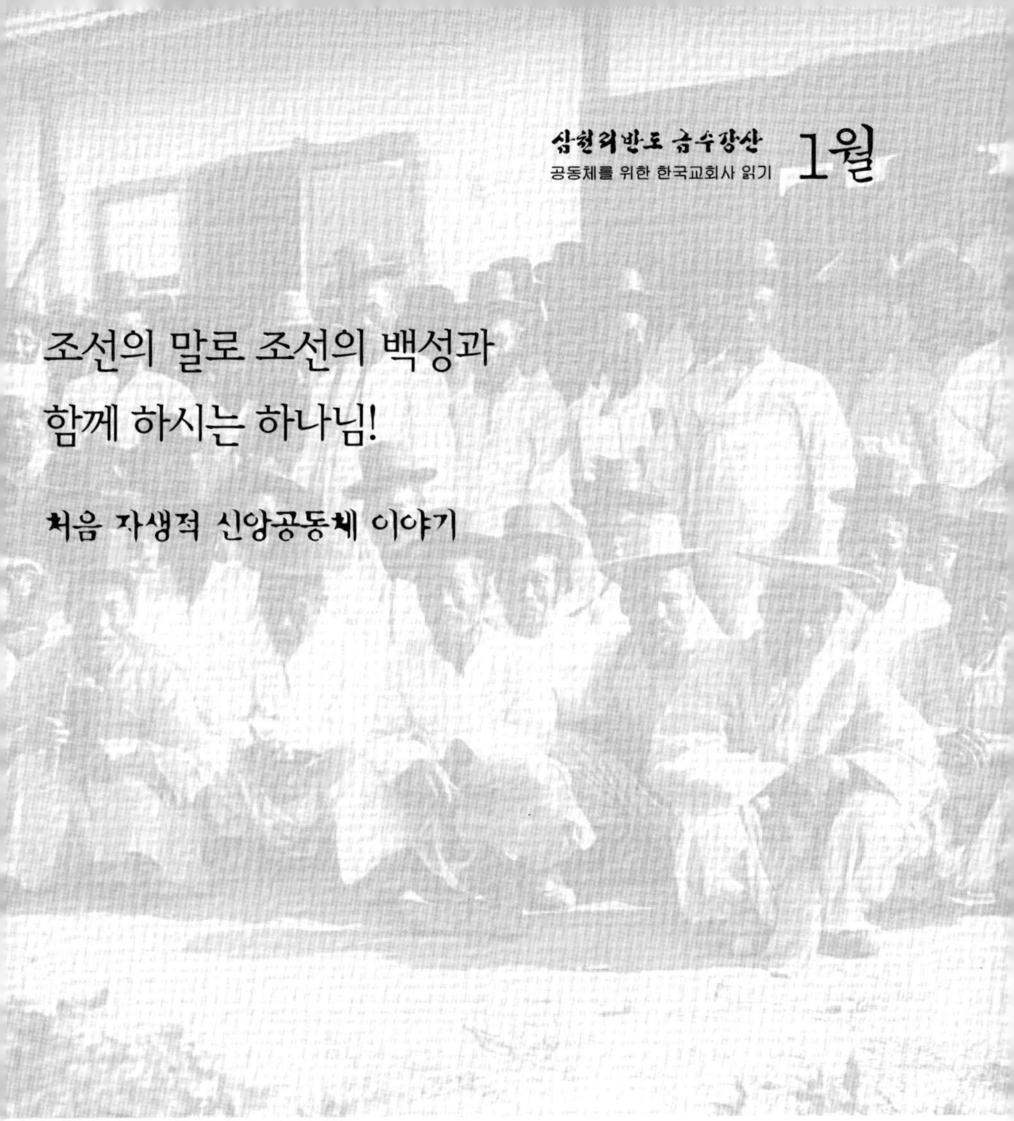

조선의 말로 조선의 백성과 함께 하시는 하나님!

처음 자생적 신앙공동체 이야기

처음 신앙공동체 사람들은 이처럼 예수님을 믿기 시작하는 일에서부터 시작해서 다른 사람에게 전도하고, 여러 사람이 모이면 공동체를 이루어 교회를 세우고, 예배당을 짓는 일들을 주체적이고 자발적으로 해냈습니다. 바깥사람들이 도와주지 못해도 스스로 자립해 간 것이지요. 그래서 처음 신앙공동체를 일컬어 '자생적 신앙공동체'라고 부르는 것입니다. 우리 한국교회의 뿌리요 큰 자랑입니다.

성서의 이야기가 다 우리 이야기네!

"예수께서 떡 다섯 개와 물고기 두 마리를 가지사 하늘을 우러러 축사하시고 떼어 제자들에게 주어 무리에게 나누어 주게 하시니 먹고 다 배불렀더라. 그 남은 조각을 열두 바구니에 거두니라."(누가복음 9장 16-17절)

우리나라 사람들은 조선시대 말 1880년대 초에 처음으로 우리말로 된 성경을 접하고 읽게 되었습니다. 이런 상상을 해 보았습니다. 그때 처음 성경을 읽은 이 땅 백성들의 마음을 가장 사로잡았던 구절이 어디였을까? 아마 그것은 위에 인용한 '오병이어 사건'이 아니었을까요? 떡 다섯 개와 물고기 두 마리로 남자만 오천명씩이나 먹이고도 열두 바구니나 남겼으니, 그런 일이 실제로 가능했겠느냐는 의심과는 별도로, 분명 이 '예수'에 대한 인상은 마음속에 깊이 새겨졌을 것입니다. 사실 요즘도 많은 사람들이 예수의 이적행위를 못 믿겠다며 드는 실례 중에 이 '오병이어 사건'은 대표적인 것이지요. 이걸 뒤집어 생각해 보면, 그만큼 그 사건이 깊이 인상에 박혔다는 말도 되지 않겠습니까?

성경책이 처음에 우리나라 말로 번역될 때는 신약이든 구약이든 일부분씩 번역되었습니다. 맨 먼저 신약 누가복음서(<예수셩교 누가복음

전서>)가 번역되어 1882년 3월에 만주 땅 봉천(지금의 심양)에서 인쇄되었습니다. 이렇게 번역, 인쇄되어 보급된 성경책을 '쪽복음서'라고 부릅니다. 이 쪽복음서들은, 이 땅의 백성들에게 엽전 몇 개에 팔리기도 하고, 계란 한 두릅(계란을 다섯 개나 열개씩 짚으로 엮은 것)과 바꿔지기도 했으며, 그마저도 없는 가난한 이들은 정성스럽게 냉수 한 그릇이라도 대접해야 얻을 수 있는 '귀한 책'이었습니다. 이 쪽복음서들은 기존의 책들과는 달리 두께도 얇고 크기도 작아서 비교적 싸게 구입할 수 있을 뿐아니라, 당시 한복의 소매나 허리춤에 넣어 가지고 다니며 꺼내 읽기도 좋고, 유사시에 감추기도 쉬웠을 것입니다. 이처럼 몸의 일부분이 된 쪽복음의 말씀은 우리 민족 구성원 개개인의 삶에 그대로 하나하나 적용되어 뿌리내렸던 것입니다. 저의 기억으로는 이 쪽복음서들을 1980년대 말까지 집이나 교회나 군부대 등에서 찾아볼 수 있었습니다. 그러다 어느새 자취를 감추었는데, 거진 1세기 이상을 한국교회와 함께 하며 우리 민족을 성서의 세계로 이끌고 들어 간 셈입니다.

우리 민족은 우리 손으로?!

"빌립이 입을 열어 이 글에서 시작하여 예수를 가르쳐 복음을 전하니, 길 가다가 물 있는 곳에 이르러 그 내시가 말하되 보라 물이 있으니 내가 세례를 받음에 무슨 거리낌이 있느냐."(사도행전 8장 35-36절)

에디오피아 여왕의 고위 관리 한 사람이 예루살렘에 왔다가 다시 자신의 고국으로 돌아가고 있습니다. 그는 진리에 대한 열망이 있습니다. 그는 깨달음을 얻기 위해서라면 처음 보는 사람의 말에도 진지하게 귀를 기울일 줄 아는 사람입니다. 그는 그 자신의 나라 밖에서 낯선 사람에게 세례까지 받고 고향땅으로 돌아갑니다. 아마도 그는 에디오피아의 첫 그리스도인이 되었을 것입니다. 성경의 이야기는 역사 속에 한번만 일어나는 일이 아니라 계속 반복되고 있습니다. 그러나 에디오피아 고위 관리와 같은 이야기는 세계선교의 역사에서 그리 흔한 것은 아닙니다.

앞서 보았듯이, 성경이 우리말로 처음 번역되어 인쇄된 해는 1882년입니다. 단순히 인쇄만 된 것이 아니라, 우리말로 인쇄되었으니 우리말을 사용하는 이 땅의 백성들에게 골고루 읽혀졌습니다. 그런데 1882년은 이 땅 한반도에 서양의 개신교 선교사들이 들어와 살기 이전입니다. 결국 개신교 선교사들이 이 땅에 들어와 복음을 전해 주기 이전에 이미 이 땅에는 이 땅의 백성들로 이루어진 개신교 신앙공동체가 있었다는 뜻이 됩니다.

우리나라에 개신교 신앙공동체가 생겨난 것은 천주교 신앙공동체가 생겨난 이후 거의 100년 뒤의 일입니다. 사실 19세기가 되기까지 서양의 개신교 나라들은 동양에 있는 나라들에게 선교를 할 만큼 힘이 넉넉하지 않았습니다. 다른 나라에 선교하는 일만큼은 천주교가 개신교를 훨씬 앞서 있었지요. 19세기가 많이 지나면서 우리나라에도 개신교 선교사들이 와서 선교하려 시도합니다. 1832년에 귀츨라프(K. F. Guezlaff)라는 독일인 선교사가 우리나라 서해안인 황해도 백령도 부근과 충청도 앞 고대도에 상륙했습니다. 그리고 30여년 후인

1865년에 이번에는 토마스(R. J. Thomas)라는 영국인 선교사가 왔습니다. 귀츨라프나 토마스는 중국에 온 개신교 선교사들이었습니다. 그들은 중국에서 조선인들을 만나 조선에 대한 이야기를 들었는데, 이 조선인들은 조선 초기 가톨릭 신자들이었습니다. 이런 계기로 조선에 선교하기 위해 왔다가 귀츨라프는 형편이 여의치 않아 되돌아 갔고, 토마스는 평양에서 가까운 대동강변에서 순교한 것입니다. 그들이 조선에 관심을 가지고 있을 때 조선에서는 천주교에 대한 박해가 매우 심했을 때였습니다. 그러나 그들의 수고가 헛되지는 않았습니다. 토마스가 우리나라 땅에 들어와 순교하자 서양의 개신교 나라들과 선교사들이 한국에 더 큰 관심을 가지게 되었습니다. 특히 중국에서 선교하고 있던 스코틀랜드 출신 로스(John Ross) 목사와 매킨타이어(John MacIntyre) 목사는 이제 한국인들만을 위해 일하는 선교사가 되기로 마음먹었습니다. 그렇지만 당시 조선의 정세가 그들이 조선에 들어오도록 허락하지 않았습니다. 마치 빌립이 에디오피아 관리를 찾아 나섰던 것처럼, 로스와 맥킨타이어 목사도 1874년 10월 이후부터 본격적으로 만주 지역의 한국인들을 찾아 나섰습니다. 중국과 한국의 국경지역에는 '고려문'(高麗門)이라는 작은 마을이 있어서 중국사람들과 한국사람들이 서로 합법적으로 교역을 하고 있었습니다.

로스는 한국 상인들을 만나 한문성경을 팔며 전도하려 했지만, 한국 사람들의 마음을 얻기가 쉽지 않았습니다. 그러나 하나님께서는 한국교회의 첫 일꾼들이 될 사람들을 서서히 한명씩 한명씩 로스 목사에게 보내 주셨습니다. 로스 목사에게 한문성경책이나 작은 책들을 처음 받아 읽은 사람이 그것을 가족이나 친한 친구들에게 소개해 주면, 소개받은 사람이 또 다른 사람에게 소개해 주는 식의 릴레이가 이루어 졌습니다. 이렇게 해서 백홍준, 이응찬, 서상륜, 서경조 같은 사람들과 이름이 알려지지 않은 여러 사람들이 로스 목사를 만나게 되었습니다. 이들은 대부분 상인들이었습니다. 이제 1879년 한 해 동안에 백홍준과 이응찬, 그리고 이름을 알 수 없는 2명의 조선인들이 한명씩 매킨타이어 목사에게 세례를 받기 시작합니다. 이 사람들이 드디어 한국의 첫 개신교 신앙공동체를 형성하는 것이지요. 여기에서 우리는 우선 로스 목사를 찾아와 첫 신앙공동체를 이루는 사람들이 주로 어떤 공통점을 가지고 있었는지 살펴볼 필요가 있습니다. 이들은 대부분 한문에 능통하고 학식이 풍부했습니다. 또한 개방적이고 독립적인 의식을 소유하였고, 새로운 문화와 사회질서에 대한 욕구가 강했습니다.

로스 목사는 한국인들을 만나기 시작하면서부터 아직 하나님을 믿지도 않은 그 한국인들과 함께 시작한 일이 있었습니다. 그것은 성경책을 우리말로 번역하는 일이었습니다. 로스 목사는 이미 1877년에 한국인의 도움을 받아 한국어 교재를 만들어, 한국말을 배우려는 선교사들이 사용할 수 있게 하였습니다. 1878년에는 역시 한국인들의 도움을 받아가며 요한복음과 마가복음을 우리말로 번역합니다. 이 과정에서 한국사람들이 하나님을 믿고 세례를 받기 시작한 것입니다. 선교사와 조선인이 함께 번역한 쪽복음 성경책은, 1882년 3월에 우선 누가복음 부분만 <예수셩교누가복음젼셔>라는 이름으로 처음 출판됩니다. 이렇게 부분만 번역되어 출판된 복음서 성경을 '쪽복음서'라고 부릅니다. 성경을 우리말로 번역하고 출판하는 일에 참여하는 것은 처음 한국인 기독교인들의 중요한 역할이었습니다. 다른 말로 하면, 이것은 처음 신앙공동체의 첫번째 선교과제였습니다.

첫 신앙공동체의 두 번째 선교과제는 선교사와 함께 번역한 우리말 쪽복음서를 널리 보급하는 일이었습니다. 이들이 성경을 보따리에 싸서 짊어지고 다니며 쪽복음서를 구입하도록 권했다고 해서 '권서인'(券書人)이라 하기도 하고, 팔고 다녔다고 해서 '매서인'(賣書人)이라 하기도 했습니다. 그러므로 첫 신앙공동체는 이 땅 구석구석에 쪽복음서을 짊어지고 들어가 팔며 복음의 씨를 뿌린 민족 복음화 운동의 선구자들이었습니다.

만주에서 로스와 맥킨타이어 목사, 그리고 한국인 상인들이 중심이 되어 이루어지는 신앙공동체처럼, 비슷한 시기 일본에서도 한국인을 중심으로 신앙공동체가 이루어지고 있었습니다. 이수정이라는 개화파 양반학자가 선진문물을 시찰하러 가는 신사유람단에 끼어 1882년에 일본에 가게 됩니다. 본래 농학과 법률 등 개화된 문명을 공부하려던 이수정은 당시 일본의 대표적인 농학자였던 츠다센을 통해 기독교를 알게 되었고, 1883년 4월 29일에 미국선교사인 녹스(G.W. Knox) 목사에게 세례를 받습니다. 이후 이수정은 일본에 공부하러 온 유학생들을 중심으로 신앙공동체가 이룹니다. 일본에서 첫 신앙인이 되고 신앙공동체의 중심이 되었던 이수정의 첫 번째 선교과제 역시 성경번역이었습니다. 이수정은 한문성경에 한글로 토를 달아 한국 지식인들이 읽을 수 있도록 하였습니다. 이것을 '현토성경'이라고 합니다. 이수정의 이런 성경번역작업을 통해 일본에서 한국인들로 구성된 신앙공동체가 더욱 활발히 형성될 수 있었고, 그들은 우리나라에 와서 성경을 보급하는 일도 맡았습니다.

무엇보다 일본에서 형성된 한국인 신앙공동체는 1885년 이후 우리나라에 본격적으로 들어오기 시작하는 서양 선교사들에게 큰 도움을 주게 됩니다. 미국이나 캐나다 또는 호주에서 오는 선교사들이 당시 뱃길 때문에 일본을 들렀다 우리나라에 오게 되는데, 그들은 일본에서 한국인 신앙공동체를 만나 우리나라 사람과 언어를 미리 경험하고, 이수정이 번역해 놓은 쪽복음서와 만주에서 번역된 쪽복음서를 일본에서 받아 가지고 우리나라에 온 것입니다.

이 땅에 형성된 '자생적 신앙공동체'

> "로마에서 하나님의 사랑하심을 받고 성도로 부르심을 받은 모든 자에게 하나님 우리 아버지와 주 예수 그리스도로부터 은혜와 평강이 있기를 원하노라."(로마서 1장 7절)

앞에서 기록한 대로, 만주와 일본에서 생겨난 신앙공동체는 서양 선교사들과 함께 우리말 쪽복음 성경책을 펴내었고, 또 권서가 되어 그 성경책을 직접 우리나라에 가지고 들어와 널리 전하기도 하였습니다. 특히 이런 일에 있어서 만주에 있는 신앙공동체의 역할은 참 컸습니다. 1882년 첫 한글 '쪽복음서'가 인쇄되자 권서들은 우선 만주에 있는 한인촌에, 그리고 곧바로 압록강이나 두만강을 건너 와 쪽복음을 팔며 복음을 전하기 시작합니다. 이렇게 해서 1883년에는 평양과 심지어는 서울에도 쪽복음서가 전해졌고, 하나님을 믿는 사람들이 생겨났습니다. 하나님을 믿는 사람들이 한 지역에서 조금씩 많아

지면 자연스럽게 그 지역에 신앙공동체가 이루어졌습니다. 권서들의 발걸음이 미치지 않은 곳이 없었기 때문에 신앙공동체의 숫자는 헤아릴 수 없이 많았겠지만, 권서들이 기록을 남긴 것은 아니기 때문에 그 정확한 숫자는 알 수 없습니다.

지금까지 남아있는 여러 기록들로 미루어 보건데, 압록강에서 가까운 의주에는 1885년에 이미 18명의 신자들이 모여 예배드리는 신앙공동체가 있었습니다. 서울에도 신앙공동체가 있었는데, 1885년에 20여명이 세례를 받고 싶어 했습니다. 만주에서 처음 생겨난 신앙공동체에 속한 사람 중에 서상륜이 있습니다. 서상륜 역시 권서가 되어 우리나라 곳곳을 돌아다니던 중, 1885년 초에 만주 봉천의 로스 선교사를 방문한 자리에서 우리나라 안에 세례 받아야 할 사람이 70여명이나 된다고 보고합니다.

황해도 소래에 있는 신앙공동체에서는 1886년 어간에 예배처소를 마련해 매주일 정기적으로 예배를 드리고 있었습니다. 1888년에 평안남도 내륙 깊숙이까지 여행을 다녀온 언더우드 목사는, 안주에는 100명도 더 되는 신자가 있고, 평양에는 세례희망자가 22명 있으며, 송도에도 세례희망자가 10여명 있다고 기록하였습니다. 이런 일들은 일본 쪽에서 들어온 권서들을 통해서도 비슷하게 이루어 졌을 것입니다만, 만주 쪽과는 달리, 그들의 활동에 대한 기록이 남아있지 않아 어느 곳에 얼마만큼의 신앙공동체가 세워졌는지는 알 수가 없습니다.

이처럼 신앙공동체가 이 땅 여러 곳에서 생겨나고 있다 해도, 만주나 일본에 있던 선교사들이 자유롭게 우리나라를 드나들면서 이제

막 자라나고 있는 신앙공동체들을 도울 수 없었습니다. 심지어 1884년이후 우리나라에 들어 온 선교사들이라 해도 서울의 사대문 안에 머물러 있어야 했고, 이들 신앙공동체에 대한 정보도 없었습니다. 또한 천주교에 대한 큰 박해가 끝난지도 그리 오래되지 않아서 일반 백성들이 쪽복음을 사서 읽거나 하나님을 믿는다는 것도 쉬운 일이 아니었습니다. 그러므로 누군가가 처음에 쪽복음을 자기 돈으로 사서 읽고, 하나님을 믿게 되기까지는 많은 노력과 희생이 따랐습니다. 아직 이들에게 성경을 가르쳐 주고 교회를 세워주거나 예배를 인도해 줄 선교사도 교역자도 없었습니다. 물론 어려움을 겪을 때 그 문제를 어떻게 해결해야 할지 가르쳐 주는 사람도 없었습니다. 모든 문제는 스스로 해결해야 했습니다.

처음 신앙공동체가 가지고 있는 것은 오직 '쪽복음서'에 기록된 하나님의 말씀 밖에 없었습니다. 그러므로 처음 신앙공동체는 철저히 성경말씀을 중심으로 살았습니다. 성경을 읽다가 예수님을 믿어야 한다는 것을 알았고, 성경을 읽다가 세례를 받아야 한다는 것도 알았고, 성경을 읽다가 함께 모여 예배드려야 한다는 것을 알았습니다. 처음 신앙공동체 사람들은 이처럼 예수님을 믿기 시작하는 일에서부터 시작해서 다른 사람에게 전도하고, 여러 사람이 모이면 공동체를 이루어 교회를 세우고, 예배당을 짓는 일들을 주체적이고 자발적으로 해냈습니다. 바깥사람들이 도와주지 못해도 스스로 자립해 간 것이지요. 그래서 처음 신앙공동체를 일컬어 '자생적 신앙공동체'라고 부르는 것입니다. 우리 한국교회의 뿌리요 큰 자랑입니다.

조선에 온 바울과 실라들!

처음 선교사 공동체 이야기

알렌의 치료를 받은 민영익이 완쾌되자, 왕실과 정부는 알렌과 서양 의술에 대해 깊이 신뢰하게 되었습니다. 이제 알렌은 자신의 본래 신분인 의료 선교사의 역할을 더욱 적극적으로 할 수 있게 되었습니다. 알렌은 더 나아가 이런 기회를 놓치지 않고 미국공사관을 통해 한국정부에 서양식 병원 설립을 제의합니다.

가야 할 곳을 찾은 바울과 실라들!

"밤에 환상이 바울에게 보이니 마게도냐 사람 하나가 서서 그에게 청하여 이르되 마게도냐로 건너와서 우리를 도우라 하거늘 바울이 그 환상을 보았을 때 우리가 곧 마게도냐로 떠나기를 힘쓰니 이는 하나님이 저 사람들에게 복음을 전하라고 우리를 부르신 줄로 인정함이러라"(사도행전 16장 9-10절)

우리는 이제 한국인 중심의 '자생적 신앙공동체'에 이어 서양인 중심의 '선교사 공동체'에 대해서도 어느 정도 알아보아야 할 차례가 되었습니다. 한국교회는 우리가 다 아는 것처럼, 한국인들의 노력만으로 된 것이 아닙니다. 조선의 운명이 바람 앞에 등잔과 같았던 시기에 물설고 낯선 땅에 복음과 문명을 들고 찾아온 그들의 고마움을 결코 잊을 수 없기 때문입니다.

우리나라 사람들은 이미 신라시대부터 복음을 만나고 있었습니다. 그 결과 천주교는 1784년부터, 개신교는 1879년부터 이 땅에 신앙공동체가 이루어졌습니다. 복음을 전해 주는 바울과 실라들이 있었기에 오늘의 한국교회가 존재하는 셈인 것이지요. 그렇지만 외국인 선교사들이 우리나라 땅에 들어와 터 잡고 우리나라 사람들과 삶을 나누며 살게 된 것은 세계교회의 역사에 견주어 볼 때 그리 오래되지 않았습니다. 천주교 선교사들은 1800년대 초부터 끊임없이 이 땅에 터 잡고 살려 했지만 정부에서 허락하지를 않았습니다. 그런데 우리나라가 1882년에 미국과 조약을 맺고(한미수호통상조약), 1886년에 프랑스와 조약을 맺으면서(한불수호통상조약), 이제 외국 선교사들이 우리나라에 와서 박해받지 않고 살 수 있는 아주 기본적인 여건이 만들어졌습니다.

우리나라에 처음 합법적으로 정착하게 된 개신교 선교사는 미국사람 알렌(H. N. Allen) 의사입니다. 그는 먼저 중국에서 선교하다 선교지를 바꾸어 부인과 아직 갓난아기와 함께 1884년 9월 20일 우리나라 제물포 항에 도착했습니다. 알렌이 우리나라에 선교사로 살기 위해 왔더라도 드러내 놓고 선교사라고 말할 수는 없었습니다. 알렌은 한국 사람들에게 자신을 소개할 때, 한국에 있는 외국인들을 위해 온 의사라고 말해야 했습니다. 정부에서 서양인들에게 우리나라에 살도록 해주었지만 선교까지 허락한 것은 아니었습니다. 그런데 이즈음 우리나라 정부안에는 개화세력이 등장하여 알렌 같은 선교사가 서울에 머무는데 유리한 조건이 조성되어 가고 있었습니다. 그러나 알렌이 의료선교사로서 자신의 본래 일을 드러내 놓고 할 수 있는 계기는 오래가지 않아 전혀 뜻밖에 일로 찾아왔습니다.

1884년 12월 4일 목요일, 알렌이 우리나라에 의료선교사로 온지 2달 반 정도 지난 어느 날 저녁, 그는 평상시처럼 외국인 환자를 진료하고 밤 9시 경에 집에 들어왔습니다. 그날 저녁따라 날씨가 맑고 달빛은 대낮같이 밝았습니다. 인적이 드문 거리가 너무 조용하고 달빛에 비친 거리의 모습이 너무 아름다워서 알렌은 아내와 함께 대문 밖으로 나가 1시간 30분 정도 서울거리를 산책하고 집으로 돌아와 막 잠자리에 들려던 참이었습니다. 바로 그때 밖이 소란하더니 이내 심하게 대문 두드리는 소리가 들리며 급히 알렌을 찾는 사람이 있었습니다. 그가 아내와 함께 모처럼 서울 겨울밤의 아름다움을 만끽하고 있을 바로 그때, 서울의 한 중심부에서는 혁명이 일어나고 있었던 것입니다. 이 혁명이 바로 우리가 역사에서 배우는 '갑신정변'(甲申政變)입니다. 이 혁명에서 민영익이라는 사람이 정치적인 적(敵)이 보낸 자객에게 온 몸에 칼을 맞아 거의 죽게 되었습니다. 알렌은 이제 이 사람을 살려내야 했습니다. 한 밤중에 사람이 그를 찾아온 이유가 거기에 있었던 것입니다. 민영익은 왕비의 조카이면서 정부에서 중요한 위치에 있는 사람이었습니다. 한 밤중에 갑자기 불려간 알렌은 밤을 꼬박 새우며 응급처치를 했고, 이후로 우리나라에 와 있던 일본인 의사와 영국인 의사에게도 도움을 청하여 민영익을 살려 내는데 성공했습니다.

갑신정변은 우리나라 정치인들 사이에 벌어진 싸움으로 시작되었지만, 서울에 들어 와 있던 외국 군대인 청나라 군대와 일본 군대 사이의 싸움으로까지 번져, 우리나라 사람과 외국군인들 까지 합해 200명이 훨씬 넘는 사람들이 죽었습니다. 이 일은 왕궁을 비롯하여 온 도시와 외국인들을 불안에 떨게 만들었습니다. 그래서 서울에 있던 대부분의 외국인들은 제물포로 피난을 갔습니다. 알렌도 걱정이 될 수밖에 없었습니다. 그렇다고 환자들을 죽게 내버려 두고 덩달아 피난을 갈 수도 없는 처지였습니다. 알렌은 여러 가지로 인간적인 고민을 한 끝에 "모든 것을 하나님께 맡기기로 결정"하고 서울에 남았습니다. 그리고 계속 의료 활동을 했습니다. 환자가 한국 사람이든, 어떤 정치적인 입장을 가진 사람이든, 외국 군인이든 상관없이……

복음을 위해 천막을 만드는 사람들!

> "아굴라가 그의 아내 브리스길라와 함께 이달리야로부터 새로 온지라 바울이 그들에게 가매 생업이 같으므로 함께 살며 일을 하니 그 생업은 천막을 만드는 것이더라." (사도행전 18장 2-3절)

알렌의 치료를 받은 민영익이 완쾌되자, 왕실과 정부는 알렌과 서양 의술에 대해 깊이 신뢰하게 되었습니다. 이제 알렌은 자신의 본래 신분인 의료 선교사의 역할을 더욱 적극적으로 할 수 있게 되었습니다. 알렌은 더 나아가 이런 기회를 놓치지 않고 미국공사관을 통해 한국정부에 서양식 병원 설립을 제의합니다. 조건은, 한국정부가 시설과 운영비를 부담하고, 미국의 '자선단체'가 의사와 거기에 따른 모든 비용을 부담한다는 것이었지요. 알렌은 여기에서 자신을 한국 선교사로 보낸 미국의 북장로교 선교부를 '자선단체'라고 표현했습니다. 물론 미국의 선교본부가 의사와 의료비용을 부담하지만, '선교본부'라고 직접 말하면 외교상으로 여러 가지 문제가 있을 수 있으므로 '자선단체'로 에둘러 표현한 것이지요. 서양식 병원을 설립하자는 알렌의 제의는 고종 임금과 미국 북장로교 선교부 양쪽에서 다 좋게 받아들여졌습니다. 이렇게 해서 우리나라 최초의 서양식 병원인 제중원이 1885년 4월 3일 국립병원의 형태로 설립되어 일주일 후인

10일부터 진료를 시작합니다.

그렇다면 설립당시 제중원의 성격을 몇 가지로 정리해 보면 이렇습니다. 첫째, 서양식 병원인 제중원은 우리나라 전통 의술에서는 할 수 없는 치료를 할 수 있게 되었습니다. 그러므로 제중원은 서양 의술이 한국 의술을 돕는, 즉 서양 문명과 한국 문명이 만나 서로 돕는 장소가 되었습니다. 둘째, 제중원은 우리나라 정부와 외국 선교부에서 함께 운영하는 곳이었지요. 그러므로 제중원은 한국 관리와 서양 선교사가 만나 서로 도와주어야 만 하는 장소였습니다. 셋째, 이제 의료선교사 알렌은 제중원에서 병든 한국 사람이라면 그 신분이 무엇이든 누구나 만나 치료할 수 있게 되었습니다. 그러므로 제중원은 선교사와 이 땅의 가난한 백성들이 만나 서로 도움을 주고 받을 수 있는 장소였습니다. 넷째, 제중원은 한국의 법이 적용되지 않는 치외법권(治外法權) 지역이므로 그 안에서는 당시 나라 법에 금지된 예배를 드릴 수 있었습니다. 그러므로 제중원은 이제 선교사가 복음으로 이 민족을 돕는 길을 찾을 수 있는 장소였습니다. 이상 네 가지 성격을 모아보면, 제중원은 선교사가 이 민족을 잘 도울 수 있도록 터 잡고 살며 더 나은 방법을 찾아갈 수 있는, 법적으로 보장된 장소인 셈입니다.

우리는 제중원의 성격을 다시 이렇게 비유해 볼 수 있습니다. 봄이 되어 벼 농사철이 되면 우리 농부들은 제일먼저 논 한쪽에 부드러운 흙과 적당한 물로 '못자리'라는 곳을 만듭니다. 농부는 이 못자리에 먼저 볍씨를 뿌리지요. 이 못자리에서 볍씨가 잘 자라나 적당한 키의 모가 되면 이제 온 논에 옮겨 심습니다. 모가 벼가 되어 나락이 잘 익으면 추수합니다. 그 곡식은 이제 밥이 되어 우리의 식탁에 오릅니다. 이상이 벼농사 짓는 과정입니다. 씨가 땅에 뿌려져서 우리의 식탁에 까지 오르기 위해 처음 거치는 곳이 못자리입니다. 그러므로 제중원은 이 땅에 뿌려진 복음의 씨앗이 잘 자라 다른 곳으로 옮겨 심겨질 수 있도록 돕는 한국교회의 '못자리'였습니다. 이 민족을 위해 복음의 못자리를 만드신 하나님! 제중원은 처음 '자생적 신앙공동체들'을 위해 하나님께서 준비하신 참 좋은 작품이었습니다.

오직 복음을 위해!

> 내가 달려갈 길과 주 예수께 받은 사명 곧 하나님의 은혜의 복음을 증언하는 일을 마치려 함에는 나의 생명조차 조금도 귀한 것으로 여기지 아니하노라 (사도행전 20장 24절)

첫 선교사 알렌의 헌신으로 제중원이 세워진 1885년 4월 3일 이후 3개월이 안되어 한국교회의 역사에서 매우 중요한 선교사 네 가족이 우리나라에 들어와 정착했습니다. 이 네 가족 중에 두 가족은 미국의 북장로교에서 파송하였고, 두 가족은 미국의 북감리교에서 파송하였습니다. 사실 이 네 가족의 선교사들은 이미 일년 전인 1884년에 한국 선교사로 임명을 받아 놓은 상태에서 한국에 들어 올 수 있는 길을 찾고 있었습니다. 제중원이 세워지고 이틀후인 4월 5일 부활절에 선교사 두 가족, 장로교 목사선교사 언더우드와 감리교 목사선교사 아펜젤러 가족이 제물포항에 도착했습니다. 이후 5월 3일에 감리교 목사이면서 의사인 스크랜튼이 혼자 왔습니다. 6월 20일에는 선교사 세 가족이 동시에 같은 배를 타고 제물포항에 도착했습니다. 언더우드와 함께 앞서 왔었지만 정세가 불안해 일본으로 되돌아가야만 했던 아펜젤러 부부가 다시 왔습니다. 또한 앞서 혼자 왔던 스크랜튼의 어머니 스크랜튼과 스크랜튼의 아내 및 아기였습니다. 특히 어머니 스크랜튼은 미국의 '부인외국선교회'에서 처음으로 임명한 한국 파송 여선교사였는데, 당시 그녀의 나이 53세였습니다. 나머지 한 선교사 가족은 의료 선교사 헤론(J. W. Heron)과 그의 아내였습니다. 이렇게 해서 1885년 6월말까지 한국에 들어 온 선교사 가족은 알렌 가족을 포함하여 총 다섯 가족이 되었습니다. 모두 헤아리자면, 알렌과 그의 아내와 아기, 언더우드, 아펜젤러와 임신 중인 아내, 스크랜튼과 그의 아내와 아기와 어머니 스크랜튼 여사, 헤론과 그의 아내, 이렇게 총 12명입니다.

그런데 6월 20일 선교사 세 가족이 우리나라에 들어 온 것을 계기로 한국교회에 매우 중요하고 뜻 깊은 일이 시작됩니다. 다음날인 6월 21일 오후에 헤론 가족과 어머니 스크랜튼은 서울에 있는 알렌의 집에서 첫 만남을 기념하는 저녁식사를 하였습니다. 식사 후, 마침 그날이 주일이기도 하기에 그들은 저녁 8시에 주일예배를 함께 드렸습니다. 알렌은 그날 자신의 일기에 이때의 예배를 우리나라 안에서 드린 첫 번째 공식 예배라고 기록하였습니다. 이날 이후 1885년 6월 21일 주일은 한국교회 역사에서 중요하고 의미 있는 날이 되었습니다. 이 첫 공식 예배를 계기로 선교사들은 언더우드 목사의 집이나 미국공사관의 사무실 또는 제중원 등을 번갈아 가며 주일예배를 드리게 됩니다. 그동안 선교사들은 개인적으로 예배를 드렸었고 그일

마저도 쉬운 일이 아니었습니다. 그런데 이제 장로교 선교사들과 감리교 선교사들이 연합하여 한국에 있는 외국인들과 함께 공식적인 예배를 드리기 시작한 것입니다. 이 공식 주일예배를 통해 서양 선교사들은 자신들의 공동체가 이 조선 땅에 형성되었다는 사실을 널리 알린 것입니다. 이는 1879년에 우리나라 사람들만으로 자생적 신앙공동체가 형성된 이후 실로 6여년 만에 이루어진 역사적인 일입니다.

그렇지만 아직은 이방인이었던 그들 '선교사 공동체'가 우리의 '자생적 신앙공동체' 앞에 그 모습을 드러내기에는 시간이 더 필요했습니다. 선교사공동체는 그 구성원들이 다양했습니다. 선교사들마다 교단 소속이 달랐고, 복음전도, 의료, 교육 등 그 사역의 관심사들도 모두 달랐습니다. 1885년 6월 26일에 쓴 의사 헤론의 보고서에는 처음 선교사 공동체가 그 정체성을 어디에서 찾고 있었는지 잘 보여줍니다.

> "나는, 나의 임무가 위대하신 의사에 관해 알리는 것이지 단순히 내가 가진 의료기술을 행하는 데에 있지 않음을 잊을 수 없다. 나는 그들을 위해 돌아가신 구세주를 이 사람들에게 알리기를 열망한다. 우리는 약 60여명의 외래 환자를 매일 치료해 왔는데, 가끔 수마일 떨어진 시골에서 온 환자들도 있다. 업무는 증가하고 있다. 우리가 이곳에서 주님께 쓰여 질 수 있도록 당신들의 끊임없는 기도를 부탁드린다."

지금은 의술을 통해 병든 이 땅의 백성들을 치료하지만, "위대하신 의사" 구세주를 알리는 것, 즉 복음을 전하는 것이 자신의 가장 중요한 사명이라는 사실을 분명히 고백하고 있습니다. 모든 선교사들이 헤론과 똑같은 생각을 품고 있었습니다. 의술이든 교육이든 궁극적인 목표는 구세주를 전하는데 있었습니다. 이것이 제중원 중심의 선교사 공동체를 지탱해 주는 신앙이었습니다. 따라서 제중원은 선교사 공동체가 추구하는 그 목표에 적합한 기관이어야 했으며, 선교사로 이 땅에 들어온 각 개인 역시 그 목표에 적합한 삶을 살아야 했습니다. 그러나 이런 공동의 목표가 흔들릴 때, 선교사 공동체 역시 크게 흔들렸습니다. 1903년 원산의 선교사공동체가 통회 자복함으로써 회복하고자 했던 것은 바로 이 첫 마음, '첫 사랑'이었습니다.

찾아가고 찾아오는 사람들!

제중원 신앙공동체 이야기

한국교회의 역사는 세계교회사에서 그 유례를 찾아보기 힘들 정도로 독특한 과정을 겪었습니다. 보통은 외국 선교사가 어느 나라에 정착하여 먼저 선교사 공동체를 이루고, 그 나라의 사람들을 전도하여 신앙공동체가 형성되고 교회가 발전하는 모양을 보입니다. 그러나 우리나라는 그런 일반적인 과정과는 반대입니다.

기다리며 준비하는 사람들!

"사도와 함께 모이사 그들에게 분부하여 이르시되 예루살렘을 떠나지 말고 내게서 들은 바 아버지께서 약속하신 것을 기다리라." (사도행전 1장 4절)

1885년 6월에 이 땅에는 두 개의 개신교 신앙공동체가 존재하고 있었습니다. 하나는 이 땅 곳곳에 오직 성경만을 중심으로 생겨난 순수 한국인 중심의 '자생적 신앙공동체'였고, 또 다른 하나는 자신들의 고국에는 아직 잘 알려지지 않은 나라에 선교하러 온 '선교사 공동체'였습니다. '자생적 신앙공동체'가 요연히 번지는 들불처럼, 이 땅의 가난한 백성들을 찾아 널리 확산되고 있었다면, '선교사 공동체'는 나라 임금이 정한 법에 따라 서울 성곽 안으로 제한된 자신들의 주거지를 벗어나지 못하며 제중원을 중심으로 살고 있었습니다. 그 두 공동체는 각자 성령의 인도하심을 따라, 자신들의 부족한 부분을 채워 줄 지체와, 자신들의 도움을 필요로 하는 지체를 서로 찾고 있었습니다. 이제 우리는 각각의 두 공동체가 마치 자신의 반쪽과도 같은 지체를 만나기까지의 과정을 살펴 보겠습니다.

1885년 6월 이후 이 땅의 선교사 다섯 가정은 예배를 중심으로 한 선교사 공동체를 이루었습니다. 그러면서 선교사 공동체는 예배

중심의 공동체에서 더 나아가 서서히 교회로 발전해 가며 그에 걸 맞는 기능들을 수행해 갔습니다. 교회의 기본적인 중요 기능들에는 예배와 함께 성찬식과 세례가 있습니다. 1885년 6월 21일 공식주일예배 이후 예배는 정기적으로 계속되었습니다. 그러다 1885년 10월 11일 주일에 또 하나의 역사적인 사건이 일어났습니다. 한국에서 첫 개신교 성찬식이 거행된 것입니다. 이 날의 성찬예배에 일본 요코하마의 루미스 감독이 참석해 예배를 인도하며 '오직 예수'라는 제목으로 설교 했고, 장로교 언더우드 목사와 감리교 아펜젤러 목사가 공동으로 성찬식을 집례했습니다. 이 성찬예배에는 한국에 있는 모든 선교사 가족들과, 제물포에 입항해 있는 미국상선의 간부선원들까지 참석했습니다. 그리고 1885년 12월 1일 주일에는 미국의 교회력에 따라 추수감사절예배를 드렸습니다.

1886년에 들어 선교사 공동체는 세례에 대한 관심을 갖기 시작했습니다. 선교사들 가운데 스크랜튼의 딸 마리안 피취와 아펜젤러의 딸 엘리스가 유아세례를 받아야 했고, 아펜젤러가 성경공부를 시켜오던 일본공사관의 직원 역시 세례받기를 원했기 때문입니다. 그리하여 1886년 4월 25일 부활주일에 한국에서의 첫 세례식이 베풀어졌습니다. 이 세례식은 아펜젤러가 집례했고, 언더우드는 보좌하였습니다. 두 번째 세례식은 그로부터 삼개월여 뒤인 1886년 7월 18일 주일에 있었습니다. 이 날 헤론의 딸 사라 앤이 유아세례를 받았고, 알렌과 헤론 등 주로 의사선교사들의 한국어 선생노릇을 하던 한국인 노춘경이 세례를 받았습니다. 두번째 세례식은 첫번째와는 반대로 언더우드가 집례했고, 아펜젤러가 보좌하였는데, 이 땅에서 선교사들이 한국인에게 준 첫 번째 세례였습니다.

선교사 공동체가 교회의 모습으로 발전해 가는데 고무된 선교사들은, 한국인 세례가 있었던 그 주간인 1886년 7월 23일에, 앞으로는 매 주일 11시에 서울의 외국인들이 미국 공사관 사무실에서 예배를 드린다는 사실을 한국정부에 정식으로 통보합니다. 이 예배는 아주 조용히 진행될 것이고, 병으로 고통을 당하는 사람들을 위해 기도할 것이라는 말도 덧붙였습니다.

이제 교회로서의 중요한 기능을 수행할 수 있게 된 선교사 공동체는, 1886년 11월 6일에 교회를 설립하고, 교회이름을 '연합교회'(The Union Church in Seoul)라 불렀습니다. 이 연합교회의 임원은 장로교와 감리교의 선교사로 구성되었는데, 첫 담임목사는 아펜젤러 였고, 임기는 2년이었습니다. 이는 선교사 공동체의 역사성과 정체성을 생각할 때 지극히 당연했습니다. 선교사 공동체는 처음부터 장로교와 감리교의 연합체로 이루어 졌으며, 성찬식과 세례식에서도 그 정신은 그대로 지켜져 왔습니다. 그러나 아직은 외국인들만의 교회였습니다. 아직은 한국정부가 한국인들을 대상으로 한 복음전도를 허락하지 않고 있었기 때문입니다.

1886년 초 선교사 공동체는 한국에서 처음으로 기도주간을 가졌습니다. 그런데 어느 날 저녁 한국인 몇 명이 이 선교사들의 기도회에 참석하였습니다. 여기에 고무된 선교사들은 다음 번 기도주간에는 더 많은 한국인들이 참여할 수 있게 되기를 간절히 기도했습니다. 그러던 중 1886년 7월 18일 주일에 한국인 노춘경이 처음으로 세례를 받았습니다. 노춘경이 성경을 읽고 세례를 받아 신앙공동체의 일원이 되는 과정은, 만주에서 첫 신앙공동체를 이루었던 의주청년들의 과정과 똑 같습니다. 사실 이 땅에 있으나 세상에는 아직 알려지지 않았고 세례를 받지 못한 '자생적 신앙공동체'들 역시 노춘경이 밟았던 과정을 이미 밟아왔고, 이제는 세례를 기다리고 있는 것입니다. 그러므로 한국인 노춘경이 세례를 받고 선교사 공동체에 참여한 것은, 이후 한국인 '자생적 신앙공동체'와 서양인 '선교사 공동체'의 만남으로 이루어진 새로운 신앙공동체의 시작을 알리는, 하나님께서 준비하신 획기적인 사건이었습니다.

서로 찾아가고 찾아오는 사람들!

> "밤에 주께서 환상 가운데 바울에게 말씀하시되 두려워하지 말며 침묵하지 말고 말하라. 내가 너와 함께 있으매 어떤 사람도 너를 대적하여 해롭게 할 자가 없을 것이니 이는 이 성중에 내 백성이 많음이라 하시더라." (사도행전 18장 9-10절)

'선교사 공동체'와 '자생적 신앙공동체'의 만남은 노춘경의 세례가 있었던 그 해 1886년 말에 있었습니다. 만주의 첫 '자생적 신앙공동체'의 한 사람인 서상륜이 서울에 있는 '선교사 신앙공동체'의 언더우드 목사를 찾아 온 것입니다. 그는 이 땅에 '자생적 신앙공동체'가 형성되는 일에 중요한 역할을 한 대표적인 권서입니다. 서상륜과 언더우드의 만남은 한국교회에 큰 역사적인 사건이었습니다. 이 만남은 한 개인과 개인의 만남이 아니라, 명실상부한 '자생적 신앙공동체'와 '선교사 공동체'가 만나 보다 더 발전적인 새로운 신앙공동체를 완성시킨 만남입니다. 우리는 이 만남이 주로 제중원을 통해 이루어지기에 '제중원 신앙공동체'라고 부르겠습니다.

서상륜은 언더우드를 만난 자리에서 '자생적 신앙공동체'의 존재와 규모를 이야기 하고, 우선 그가 은둔하고 있었던 황해도 지방의 소래교회 교인들에게 세례를 베풀어 달라고 요청했습니다. 서상륜의 등장은, 전도의 길을 얻지 못하고 있던 선교사들에게 천군만마(千軍萬馬)의 원군을 만난 것과 비교될 수 있는 기쁨과 감격이었습니다. 그러나 당시의 한국정세는 서양인 선교사가 서상륜의 요청대로 당장 소래로 달려가 세례 줄 형편이 못되었습니다. 그래서 소래교회 교인들 중 세례 희망자가 서울로 와서 선교사들에게 세례를 받는 방식을 택했습니다.

그 결과 이듬해인 1887년 1월 23일 주일에 소래교회 교인 중 세 사람이 언더우드의 집례로 세례를 받게 되었습니다. '선교사 공동체'에서 '자생적 신앙공동체'의 일원들에게 세례를 주는 과정은 매우 엄격했습니다. 선교사들은 지도자 없이 성장해 온 한국 토착 기독교인들의 신앙을 철저히 검증하려는 듯, 며칠에 걸쳐 여러 선교사들 앞에서 엄격한 세례 문답을 거치게 했고, 세례를 받을 자격이 되는 지에 대해서는 선교사 전원일치로 결정했습니다. 자생적 신앙공동체들의 신앙은 확고했습니다. 이들 역시 세례를 받으면 죽임을 당할 수도 있다는 사실을 알고 있었습니다. 또한 그들은 철저히 자립적이었습니다. 세례를 받기 위해 서울에 오고 가는 경비나 숙박비 일체를 스스로 조달했습니다. 그들은 낯선 '선교사 공동체' 앞에서 '자생적 신앙공동체'의 본 모습을 당당하고 뚜렷하게 보여 준 것입니다. 최종적으로 세례를 받게 된 세 사람의 경우, 기독교의 기본적인 교리와 구원에 대해 핵심적인 사항을 명확하게 대답했습니다. 그들은 "내가 하나님을 섬긴다고 왕이 내 머리를 베어도 나는 상관없다."고 고백했습니다. 이때 세례받은 세 사람은 소래교인 서경조, 최명오, 정공빈이었습니다. 이 세례를 통해 한국 자생적 신앙공동체를 대표하는 '소래교회'와 서양 기독교를 대표하는 선교사들의 '연합교회'는 하나의 공동체(교회)가 되어 '삼천리반도 금수강산'에 하나님의 나라를 세워가는 것입니다.

이후로 '자생적 신앙공동체'와 '선교사 공동체'의 세례를 매개로 하는 만남은 계속되었습니다. 만남이 계속 될수록 '선교사 공동체'는 '자생적 신앙공동체'의 규모에 놀라지 않을 수 없었습니다. 1887년 9월에는 소래 교회의 세례교인이 11명으로 늘어났습니다. 이후 선교사들은 소래교회 뿐만 아니라, 개성, 안주, 평양, 의주 등지에도 세례지원자들이 적게는 10명에서 많게는 100명이 세례받기를 기다리고 있다는 소식을 들었습니다. 목사 선교사들은 새로운 결단을 해야 했습니다. 조선 법 때문에 언제까지 제중원에만 머물러 있을 수 없는 노릇 아니었겠습니까. 해를 넘겨 1888년 1월 중순이후 언더우드는 금기를 깨고 '자생적 신앙공동체'의 존재와 그 규모를 확인하고자 송도, 평양을 거쳐 안주까지 첫 여행을 다녀왔습니다. 이때 그는 한 마을에서 네 명에게 세례를 주었습니다. 같은 해 4월에는 언더우드 목사와 감리교 아펜젤러 목사가 함께 두번째 여행을 좀더 멀리 의주까지 다녀 옵니다. 그 이유는 세례지원자들이 지방에서 서울로 계속 올라오기 때문이었습니다. 이때에도 그들은 세례와 성찬식을 베풀었습니다.

1889년 4월, 언더우드는 의사 선교사 호튼(Lillias S. Horton, 1888-1921)양과 결혼하고, 신혼여행을 겸한 세 번째 여행을 압록강 지역까지 갔습니다. 이때도 그들은 세례를 주고, 여러 곳의 자생적 신앙공동체들과 예배를 드렸으며, 현지 권서들의 활동을 자세히 살펴보기도 하였습니다. 물론 함께 간 호튼 부인은 의료사역도 하였습니다. 선교사들의 이 여행은 서상륜을 비롯한 현지의 여러 권서들이 안내하고 함께 했습니다. 세 번째 여행 때는 제중원을 비운 언더우드 목사를 대신해 서상륜이 병원사역을 대신합니다.

더불어 모두 함께 가는 사람들!

> "무화과나무에는 푸른 열매가 익었고 포도나무는 꽃을 피워 향기를 토하는구나. 나의 사랑, 나의 어여쁜 자야 일어나서 함께 가자."(아가서 2장 13절)

이제 '자생적 신앙공동체'와 '선교사 공동체'의 만남을 통한 '제중원 신앙공동체'의 형성은 완성의 단계에 도달하였습니다. '제중원 신앙공동체'를 구성하는 두 요소, 즉 '자생적 신앙공동체'와 '선교사 공동체' 중에서 한 공동체라도 떨어져 나간다면 각각의 두 공동체는 더 이상 발전할 수 없을 것입니다. 실제로 1887년 2월 이후, 선교사 공동체가 세운 연합교회는 더 이상 선교사들만의 교회가 아니었습니다. 왜냐하면 선교사들이 세운 학교의 학생들 및 직원들, 그리고 병원에 관계된 한국 사람들이 연합교회의 예배에 많이 참석하게 되었기 때문입니다. 그러므로 두 공동체의 만남이후 한국교회의 초기 역사는

'제중원 신앙공동체'를 못자리로 하여 이루어지는 것입니다. 그 실례를 우리는 1887년 9월 27일에 설립된 '정동예배당' (새문안 장로교회의 처음이름)과 그로부터 열이틀 뒤인 10월 9일에 설립된 '베델예배당' (정동 감리교회의 처음이름)의 경우에서 찾을 수 있습니다. 이들 두 교회의 설립은 선교사들과 함께 자생적 신앙공동체의 역할이 매우 컸습니다. 정동예배당의 경우 교회를 세운 14명의 한국 교인중 13명이 소래교회 성도들이었습니다. 이 날의 설립예배에 만주의 로스 목사가 참석했습니다. 그는 자신과 함께 봉천에서 성서번역에 참여했고, 권서 노릇을 했었던 최성균을 감리교 아펜젤러 목사에게 소개해 주었습니다. 이에 힘입은 듯, 아펜젤러 목사는 최성균을 포함한 한국인 4명과 함께 1887년 10월 9일 베델 예배당을 설립하였습니다.

이상에서 서술한 '제중원 신앙공동체'에 대한 내용을 다시 정리해봅니다. 한국교회의 역사는 세계교회사에서 그 유례를 찾아보기 힘들 정도로 독특한 과정을 겪었습니다. 보통은 외국 선교사가 어느 나라에 정착하여 먼저 선교사 공동체를 이루고, 그 나라의 사람들을 전도하여 신앙공동체가 형성되고 교회가 발전하는 모양을 보입니다. 그러나 우리나라는 그런 일반적인 과정과는 반대입니다. 먼저 이 땅에 신앙공동체가 형성되어 성장하고 있는 과정에, 외국 선교사들이 우리나라에 들어와 정착하며 선교사 공동체를 이루었습니다. 그리고 그 선교사공동체가 아직은 복음전파라는 그 본래의 임무를 충분히 수행하지 못하는 상황에서, 이미 성장하고 있던 자생적 신앙공동체를 만났고, 그렇게 함으로써 하나의 보다 발전된 (변증법적 통일을 이루는)

신앙공동체를 이루어 이 민족을 복음화해 왔던 것입니다. 이런 양상은 남한 및 북한과 간도지방 등 한국의 모든 지역을 통해 똑같습니다. 서울에서 제중원신앙공동체가 형성되는 과정이 지방 어디에서나 똑같이 적용되었습니다. 평양이든, 대구든, 광주든 전주든, 부산이든 그 어디나, 먼저 한국인 권서들을 통해 형성된 자생적 신앙공동체가 있고, 그 존재를 확인한 선교사들이 지방에 내려가 터를 잡음으로 선교사공동체를 이루며, 곧 두 공동체의 만남을 통해 그 지역의 '제중원신앙공동체'가 형성되어 함께 선교사역을 진행해 갑니다. 선교사들은 서울의 제중원신앙공동체를 선교본부라 했고, 지방의 제중원신앙공동체들을 선교지부(station)이라고 불렀습니다. 선교사들은 지방에 터를 잡게되면 제일먼저 병원을 세웠고 그 병원을 처음에는 모두 제중원이라고 불렀습니다.

이와같은 과정을 겪으며 형성된 서울을 비롯한 모든 지역의 '제중원 신앙공동체'들은 병원(의료), 학교(교육), 교회(복음)를 차례로 세우며 선교사역을 합니다. 그리고 이 세가지 요소들로 구성된 선교구조는 초기 한국교회의 성장을 이해하는 중요한 관점입니다.

말씀을 만나러 오는 사람들!

1907년 신앙대부흥운동 이야기

그러고 보면, 세계교회의 역사를 살펴볼 때, 교회를 영적으로 새롭게 하는 운동들은 대부분 변방에서 시작되었음을 알 수 있습니다. 그러므로 변방의 농어촌 시골교회라고 무조건 대도시 교회들의 흐름을 따를 필요가 없어 보입니다. 일 많은 도시 교회들보다는 일없어 보이는 시골교회들이 교회 본연의 복음전도 사역에 충실할 수 있고, 지역 이웃들과 삶을 나누는 데 보다 더 성실할 수 있지 않겠습니까?

사건으로 말씀으로 오신 하나님!

"예수께서 그 자라나신 곳 나사렛에 이르사 안식일에 늘 하시던 대로 회당에 들어가사 성경을 읽으려고 서시매, 선지자 이사야의 글을 드리거늘 책을 펴서 이렇게 기록된 데를 찾으시니, 곧 주의 성령이 내게 임하셨으니, 이는 가난한 자에게 복음을 전하게 하시려고 내게 기름을 부으시고, 나를 보내사 포로 된 자에게 자유를, 눈 먼 자에게 다시 보게 함을 전파하며, 눌린 자를 자유롭게 하고, 주의 은혜의 해를 전파하게 하려 하심이라 하였더라"(누가복음 4장 16-19절)

앞서의 '조선의 말로 조선의 백성과 함께 하시는 하나님!' 첫머리에서 이런 이야기를 했었습니다. 이 땅의 백성들이 우리말로 된 첫 쪽복음서인 <예수셩교 누가복음젼셔>(1882년)를 처음 읽었을 때, 가장 인상적인 대목은 아마도 '오병이어 사건'(눅 9:12-17)이었을 것이라고 말입니다. 그렇다면 그때 그 백성들의 삶에 가장 깊이 스며들어 가슴에서 가슴으로 희망의 불길로 사로잡았을 말씀은 어디일까요? 분명 위에 예수님께서 이사야서를 인용하시며 하신 말씀이 아니었을까요? '가난한 자'요 '포로된 자'며, '눈먼 자'요 '눌린 자'들이었던 이 땅의 백성들에게 하나님께서 말씀으로 찾아 오셨으니, 이제 그분을 눈으로 뵙고, 귀로 듣게 되었으니 어찌 감격스럽지 않았겠습니까.

이런 벅찬 감격들이 삶으로 이어지고 눈물로 모아져, 1907년 살을 에는 추운 겨울날씨에도 먼 길 마다하지 않고, 홑이불과 양식 보따리 머리에 이고 지고, 성경책 가슴에 안아들고, 어린 젖먹이 등에 들추어 업고, 평양으로, 도회지로 말씀 가르치는 곳이라면 어디든 가지 않았을까요.

'1907년 신앙대부흥운동'은 말 그대로 1907년에 한국교회 안에 일어난 신앙대부흥운동입니다. 그 발단은 1903년에 한반도의 북동쪽에 자리 잡은 원산에서 선교사들이 시작한 회개기도회입니다. 사실 한반도 오지에서 시작된 회개기도운동은 서서히 서쪽으로 이동해 1907년 정월 초(1월)에는 평양에서 모이고 있던 성경공부 중심의 사경회에 영향을 주었습니다. 이 사경회는 매년 구정(설날)을 기해 약 10일간 모이는 것이었고, 1907년에도 1월 6일(양력으로 2월 18일) 구정 사경회가 개최되고 있었습니다. 당시 사경회는 남녀노소 할 것 없이 모였고, 낮 시간에는 남자들과 부인들, 그리고 학생들이 각기 다른 장소에서 성경공부를 하다가 저녁에는 평양 장대현 교회에서 연합집회로 모였습니다. '신앙대부흥운동'의 첫 현상이라 할 수 있는 '통회자복' 기도는 사경회 둘째 날 낮의 학생모임에서 시작되었습니다.

이 통회자복 기도는 곧 저녁집회로 이어졌고 10일간의 집회기간 내내 사경회에 참석한 모든 사람들을 깊은 영적체험으로 몰고 갔습니다. 이 집단적인 영적체험은 선교사들이 주도하는 정기 사경회가 끝나고 나서도 계속되었는데, 이제는 한국인 지도자들을 통해 그 열기가 더욱 크게 확산되어 갔습니다. 그리고 2월에는 이 부흥의 열기가 평양의 숭실중학교와 대학교로 확산되면서 학생들을 통해 감리교를 비롯한 다른 교단들에게 더욱 강한 영향을 주었고, 평양을 벗어나 지방으로까지 확산되기 시작했습니다. 그러다 평양장로회 신학교가 봄 학기를 시작하며 3월에 부흥회를 개최했는데, 이 부흥회를 통해 '성령체험'을 한 신학생들이 전국으로 흩어져 집회를 하면서 전국으로 확산되는 계기가 되었습니다. 여기까지 우리는 우선 세 가지 점에 주목할 수가 있습니다. 첫째는, 1907년 신앙대부흥운동은 변방에서 시작되어 대도시에서 크게 점화된 후 다시 전국으로 확산되었다는 점이고, 둘째는, 회개기도운동과 성경공부운동이 만나 이루어진 것이며, 셋째는, 이 운동의 중심에 젊은 학생들이 있다는 점입니다.

1907년의 신앙대부흥운동의 중요한 한 축이 성경공부운동이라고 하지만 오늘날의 한국교회가 하는 성경공부를 상상하시면 안됩니다. 우선 당시에는 성경 66권 중에서 구약부분은 아직 다 번역되거나 인쇄되지 않은 상태였습니다. 우리말로 된 신약전서(新約全書)는 이미 1887년에 심양에서 출간되었고, 1900년에 새롭게 번역된 두 번째 신약전서가 서울과 일본 요코하마에서 인쇄되어 출간되어 있었습니다. 그런데 구약의 경우는 사정이 너무 달랐습니다. 1898년 5월에 피터즈라는 선교사 개인에 의해 <시편촬요>(일종의 시편 요약본)가 구약으로서는 첫 단행본으로 출간되었습니다. 그러다가 1904년에 가서야 선교사들로 구성된 한국성서위원회가 구약을 번역하기 시작합니다. 이 번역작업이 1906년 9월에 들어 결실을 보기 시작해 창세기와 시편이 부분적으로 출간되고, 1907년에는 잠언, 출애굽기, 사무엘상하, 말라기서 등이 쪽복음서 형태로 출간되었습니다.

그리고 최초의 구약전서 완역판은 1911년 3월에 가서야 일본에서 출간됩니다. 이때 신약과 구약을 합친 그야말로 말 그대로 최초의 성경전서인 <성경젼셔>도 출간됩니다. 이런 사실들을 종합해 볼 때, 1907년의 신앙대부흥운동을 있게 했던 성경공부운동은 사실 신약성경과 구약 일부를 중심으로 이루어진 것입니다.

가슴을 찢는 사람들!

"형제들아 우리가 어찌할꼬 하거늘, 베드로가 이르되, 너희가 회개하여 각각 예수 그리스도의 이름으로 세례를 받고 죄 사함을 받으라. 그리하면 성령의 선물을 받으리니, 이 약속은 너희와 너희 자녀와 모든 먼 데 사람 곧 주 우리 하나님이 얼마든지 부르시는 자들에게 하신 것이라."(사도행전 2장 37-39절)

1907년을 감동시켰던 '신앙대부흥운동'은 비록 해를 거듭해 연속되지는 못했지만, 그 당시 한국교회와 사회뿐만 아니라 이후 역사 속에서 한국교회에 지속적인 영향을 주었습니다. 우선 당시 한국교회에는 개인과 공동체의 도덕성을 회복시켜 주었습니다. 신앙대부흥운동 기간의 회개기도운동은, 외국인으로서 한국에 와서 선교하던 선교사들 뿐만 아니라, 이제 막 훈련되고 있던 한국인 토착 지도자들, 그리고 무엇보다도 아직 기독교가 무엇인지 제대로 알지 못한 채 그저 입신양명(立身揚名)을 위해 교회를 드나들던 사람들에게 이르기까지 그들 자신의 잘못과 죄(영적이면서 도덕적인 죄)를 깨닫게 했고, 진정으로 참회하게 만들었습니다. 그리고 그들의 진정한 참회는 자기 자신뿐만 아니라 가족과 공동체의 형제자매 및 비기독교인 이웃과의 관계를 회복시켜 바르게 함으로써 대사회적인 도덕성을 회복시켜 주었습니다. 이런 도덕성의 회복은, 한국교회 교인들로 하여금 조선 봉건사회가 물려준 당시의 관습의 굴레들에서 구조적인 악을 보게 만들었고, 따라서 그런 악을 과감하게 벗어버리는 가히 혁명적인 실천을 가능하게 만들었습니다. '신앙대부흥운동'의 영적체험을 한 신앙인들은 신분질서를 뛰어넘어 노비를 해방시키고 남존여비 사상을 극복하는 등 인권과 관련된 의식이 크게 성장하였습니다. 이런 한국교회의 대사회적인 영향은 선교에도 다양한 영향을 미쳐, 교세가 크게 성장하였고 교육기관이 수적으로 확산되었습니다.

1907년 '신앙대부흥운동'의 또 다른 두드러진 특징은 이제 청년이 된 한국교회가 그 나이에 걸 맞는 주체적인 영성을 갖게 되었고, 성숙한 지도력으로 스스로 한국교회를 책임지고 나갈 수 있게 되었다는 점입니다. '신앙대부흥운동'을 거치면서 한국교회는 놀라운 창의력을 발휘하여 독특한 신앙양태들을 형성시켰습니다. '새벽기도회'가 한국교회의 고유한 예배 의식으로 자리 잡은 것을 비롯하여, '통성기도회', '날연보', '성미' 등 서양 교회에서는 찾아보기 힘든 토착적인 신앙양태들이 등장한 것입니다.

이런 양태들은 한국교회가 체험한 신앙의 본질을 삶 속에 구체화하려는 수단들이었습니다. 결과적으로 이런 양태들은 한국교회의 지도력을 성숙하게 하였습니다. 외국인 선교사들에게 종속되는 듯한 그동안의 태도들을 벗어나 대등한 동역자 의식을 갖게 되었고, 다른 교파들과도 함께 연합하는 일치 의식 역시 매우 높아졌습니다. 뿐만아니라 '신앙대부흥운동'은 1907년의 한국교회사에 특징적인 몇 가지 사실을 기록으로 더 추가해 주었습니다. 평양신학교가 7명의 첫 졸업생을 배출하고 그들이 목사가 됨으로서 명실공히 토착지도력이 완성되었습니다. 또한 이와 더불어 선교사들을 파송한 서구의 교회로부터 자립한 '독립노회'를 창립하였습니다. 그리고 한국교회가 선교 받는 교회에서 선교하는 교회로 바뀌었습니다.

그럼에도 불구하고 1907년 '신앙대부흥운동'을 살펴볼 때 간과할 수 없는 사실이 있습니다. 그것은 '신앙대부흥운동'이 일어날 당시의 우리 민족내부와 한반도를 둘러싼 시대적 상황입니다. 우리 모두가 다 잘 알고 있지만, 1907년은 1905년 '을사보호조약'에서 1910년 '한일합방'으로 이어지는 우리 민족의 가장 암울하고 치욕적인 시기의 한 중앙에 있습니다. 그러므로 '신앙대부흥운동'이라는 독특한 '영적체험'을 한 한국교회가, 이 시기 민족의 운명에 어떻게 대응했는지 하는 부분도 오늘을 사는 우리에게는 매우 중요합니다. 이 부분에서 1907년의 '신앙대부흥운동'은 긍정적인 평가를 받기도 하고 매우 부정적인 평가를 받기도 합니다. 어떤 학자의 경우에는 이런 부분에서 매우 부정적인 평가를 내려 1907년 '신앙대부흥운동'의 전체적인 의미를 가치 없게 만들어 버리기도 합니다. 우리가 함께 이글을 써가며 반드시 짚고 넘어가야할 부분입니다.

어찌되었건, 한국교회는 1907년 그날의 뜨겁고 감격스러웠던 기억을 되살려 한국교회를 부흥시키기 위한 노력들을 역사의 변혁기, 암울한 순간들마다 되풀이 하곤 했었습니다. 두드러지게 드러나는 순간들을 꼽아보면, 1907년 신앙대부흥운동 2년 뒤인 1909년에 시작된 '100만 명 구령운동'이 있고, 해방직후인 1945년 이후에 김치선 목사가 주도한 '300만 구령운동' 역시 그 역사적 맥락은 1907년의 사건으로 거슬러 올라 갈 수 있습니다. 2007년의 '1907년 신앙대부흥운동 100주년 기념행사'들 역시 매우 강력한 리바이벌(revival, 부활) 운동에 속한다고 볼 수 있습니다.

변방에서 불어오는 바람!

"예수께서 요한의 잡힘을 들으시고 갈릴리로 물러 가셨다가 나사렛을 떠나 스불론과 납달리 지경 해변에 있는 가버나움에 가서 사시니"(마태복음 4장 12-13절)

신앙대부흥운동은 회개기도운동과 성경공부운동이라는 두 축이 합류하여 이루어진 것이라고 이미 앞서 말씀드렸습니다. 신앙대부흥운동의 한 축인 성경공부운동은 한국교회 초기 자생적 신앙공동체가 형성시켜 놓은 가장 중요한 유산이었습니다. 그렇다면 이제 또 하나의 축인 '회개기도운동'에 관련된 이야기를 하겠습니다.

일반적으로 1907년의 신앙대부흥운동은 그로부터 4년 전, 함경남도 원산에서 열린 선교사들의 한 작은 수련회 모임이 도화선이 되었다고 봅니다. 1903년 겨울에 원산 지역의 감리교 선교사들은 기도를 주제로 자신들을 위한 수련회를 개최했습니다. 이 수련회에는 스웨덴에서 한국을 잠시 방문한 프랜슨(F. Franson) 목사와 중국에서 선교하던 화이트(M. C. White) 여선교사가 참석했습니다. 당시 원산의 감리교 선교사들은 영적으로 매우 무력감에 빠져 있었다고 합니다. 선교사들의 무력감이란 결국 복음전도의 성과가 좋지 않아 선교활동이 위축

되어 있는 것이지요. 왜 그랬을까요? 바로 이 문제를 풀어보기 위해 지금 수련회를 하는 것입니다. 선교사들은 프랜슨 목사의 설교와 화이트 선교사의 중국선교 경험담 등을 들으며 기도회를 열었습니다. 이 기도회 모임은 수련회가 끝난 이후에도 계속되었는데, 이제는 장로교와 침례교 선교사들 및 한국인들까지 참석한 연합기도회 성격으로 발전되었습니다. 이런 일련의 기도회 과정에 캐나다 출신 의료선교사로 강원도 북부지역에서 사역하던 하디(R. A. Hardie) 선교사가 있었습니다. 그는 기도회를 통해 선교사로 오게 된 자신의 동기를 반성하고 자책하던 중 뜨거운 성령의 임재를 경험하게 되었습니다. 그리고 그는 통회 자복하는 기도를 드리게 되었습니다. 하디 선교사의 통회자복 기도는 기도회를 더욱 뜨겁게 만들었고, 그 기도회는 해를 넘겨 1904년에도 계속되다가 서서히 변방에서 중심으로, 그리고 서쪽과 남쪽과 북쪽으로 온 한반도에 확산되었던 것입니다.

여기에서 한 가지 생각해볼 문제가 있습니다. 서울이나 평양 같은 대 도시의 선교사들도 당시에 많은 기도회를 하고 있었을 게 분명한데, 1907년의 신앙대부흥운동이라는 큰 사건의 계기가 어떻게 변방 선교사들의 기도회에서 시작될 수 있었는가하는 것이지요. 요즘처럼 한국교회의 모든 주도권이 서울의 큰 교회들에게 쏠려있는 상황에서는 도무지 이해할 수 없는 내용이기도 합니다. 당시 서울의 언더우드 선교사나 평양의 마펫 선교사는 무엇을 하고 있었을까요? 한국교회사에서 가장 강력했던 유일한 신앙대부흥운동이 변방에서 시작되었다는 사실을 어떻게 설명하면 좋을까요? 이 문제를 자세히 살피자면 많은 연구가 필요한데, 우선 몇 가지를 짚어보는 것이 좋을 듯 합니다.

먼저 당시 한국사의 큰 흐름을 보아야 합니다. 1904년에는 한반도에 전쟁이 있었고, 1905년은 우리나라의 주권을 사실상 일본에 빼앗긴 해입니다. 1904년의 전쟁은 우리의 전쟁이 아니라 일본과 러시아 두 외세(外勢)들이 우리 땅에서 벌인 남의 전쟁이고, 이 전쟁에서 승리한 일본은 이제 아무런 방해세력 없이 우리나라를 식민지 삼은 것이지요. 즉 당시 서울(한양)과 평양은 정치적인 소용돌이 한 가운데 있었습니다. 그러나 지방은 어느 정도 정치적인 소용돌이에서 벗어날 수 있었습니다.

또한 서울이든 평양이든 이 지역의 선교사들은 지방과는 달리 많은 선교업무 – 교육사업, 의료사업, 교회연합사업, 교회설립, 성서번역, 신학교설립 및 운영 등으로 매우 분주하게 움직이고 있었습니다. 물론 모든 선교사들이 다 그러하지는 않았겠지요. 그러나 지방의 선교사들은 대도시의 선교사업 같은 업무가 상대적으로 작았고, 따라서 선교사로서의 가장 본질적인 업무인 복음전도에 비교적 전념할 수 있었을 것입니다. 그런데 선교사 본연의 복음전도 사역에 별 성과가 없다고 할 때, 영적으로 예민한 선교사라면 당연히 깊은 문제의식을 가지고 있지 않았겠습니까? 결국 도회지 선교사들의 문제의식과 변방 선교사들의 문제의식은 매우 다를 수밖에 없었습니다.

대도시는 조선 사람들을 대상으로 어떻게 선교사업을 할 것인가가 중요했다면, 변방은 조선 사람들과 함께 어떻게 삶을 나눌 것인가가 더 중요한 문제였을 것입니다. 그러므로 원산의 선교사들은 그들의 죄를 통회자복하면서 자신들의 신앙적인 허물, 곧 조선인 앞에 백인으로서의 우월의식과 자만심에 찼던 권위주의를 고백하고 있는 것입니다. 그러고 보면, 세계교회의 역사를 살펴볼 때, 교회를 영적으로 새롭게 하는 운동들은 대부분 변방에서 시작되었음을 알 수 있습니다. 마치 교회의 머리되신 주님께서 그의 복음사역을 변방 가버나움에서 시작하신 것처럼 말입니다. 그러므로 변방의 농어촌 시골교회라고 무조건 대도시 교회들의 흐름을 따를 필요가 없어 보입니다. 일 많은 도시 교회들보다는 일없어 보이는 시골교회들이 교회 본연의 복음전도 사역에 충실할 수 있고, 지역 이웃들과 삶을 나누는 데 보다 더 성실할 수 있지 않겠습니까?

애통하는 사람들이 부르는 노래!

– 한국교회의 애가(哀歌) 이야기 –

애통하는 사람들은 노래를 지어 불렀습니다. 그 노래들은 하나님 앞에서 찬송이 되었습니다. 그 찬송들을 찾아봅니다. 그 찬송들 중에는 마치 그 옛날 다윗이 애통해하며 지어 부른 노래들이 오늘 우리에게 시편으로 전해져 오듯이, 1907년 신앙대부흥운동을 거치며 애통하는 사람들이 지어 불렀던 노래들도 오늘 한국교회가 부르는 찬송가 속에 들어 있기도 합니다.

애통하는 사람들!

"애통하는 자는 복이 있나니 그들이 위로를 받을 것임이요." (마태복음 5장 4절)

한국교회 부흥의 중심에는 '애통하는 사람들'이 있습니다. 애통(哀痛)이란, 사전적 의미로는 '몹시 슬퍼한다'는 뜻입니다. 그래서인지 우리말 다른 성경책들은 대부분 '슬퍼하는 사람들'로 번역해 놓기도 했습니다. '애통'이란 단어의 성경 쓰임새를 보면, 지극히 개인적으로 겪는 슬픈 일 뿐만 아니라, 이웃 또는 사회나 나라가 겪고 있는 슬픈 일들에 관련하여서도 두루 쓰이고 있습니다. 따라서 개인적이든 공동체적이든 인간이 겪을 수 있는 모든 아픔을 그대로 자신의 것으로 삼는 슬픔을 '애통'으로 표현할 수 있다고 봅니다. 애통하는 자에게는 그 애통의 원인이 자신의 허물에서 오는 것이든 타인의 허물에서 오는 것이든 아무런 차이가 없습니다. 이와 같은 애통하는 사람들을 우리는 성경에서 많이 찾을 수 있습니다. 다윗이 우선 대표적으로 떠오릅니다. 구약 시편에는 그가 애통해하며 지어 부른 수많은 노래들이 들어 있습니다. 또한 예언자들 가운데 예레미야 역시 '눈물의 선지자'로 불릴 정도로 애통하는 사람이었습니다. 그의 이름으로 쓰여진 예레미야서나 애가서 곳곳에 애통하는 사람의 노래말이 들어있습니다. 또한 '예수님의 발 곁에 서서 울며 눈물로 그 발을 적시고 자기 머리털로 씻고 그 발에 입 맞추고 향유를 부은' 여인도 있습니다. (누가복음 7장 38절) 물론 이런 애통하는 모든 사람들의 정점에 십자가에 달리신 우리 주님이 계십니다. 1907년의 신앙대부흥운동 기간 내내 한국 기독교인들의 마음을 사로잡은 것도 애통하는 마음이었습니다. 물론 이 애통하는 마음은 성령께서 역사하심으로 회개에 이른 사람들 가운데 나타난 현상입니다.

애통하는 사람들이 부르는 노래!

"보라 하나님은 나의 구원이시라 내가 신뢰하고 두려움이 없으리니 주 여호와는 나의 힘이시며 나의 노래시며 나의 구원이심이라. 그러므로 너희가 기쁨으로 구원의 우물들에서 물을 길으리로다."(이사야 12장 2-3절)

애통하는 사람들은 노래를 지어 불렀습니다. 그 노래들은 하나님 앞에서 찬송이 되었습니다. 그 찬송들을 찾아봅니다. 그 찬송들 중에는 마치 그 옛날 다윗이 애통해하며 지어 부른 노래들이 오늘 우리에게 시편으로 전해져 오듯이, 1907년 신앙대부흥운동을 거치며 애통하는 사람들이 지어 불렀던 노래들도 오늘 한국교회가 부르는 찬송가 속에 들어 있기도 합니다. 한국 기독교인들이 지어 부르기 시작한 찬송가는 1779년 천주교 신자였던 정약전의 '십계명가'와 이벽의 '천주공경가'로까지 거슬러 올라갑니다. 우선 정약전의 '십계명가' 가사를 소개하면 이렇습니다. 독자들의 이해를 돕기 위해 오늘의 말체로 바꾸어 옮깁니다.

세상사람 선비님네
이 아니 우수운가

사람나자 한평생에
무슨귀신 그리 많나

아침저녁 종일토록
합장배례 주문외고
있는 돈 귀한재물
던져주고 바쳐주고

자나깨나 행신언동
각기귀신 모셔봐도

허망하다 마귀미신
믿지말고 천주믿세

이런 찬송들을 '천주가사'라고 하는데, 천주교를 선전하고 신자대중을 교화하며 신심을 기르는 목적에서 작사되었습니다. 이후 개신교 초기 신앙인들은 중국찬송가를 한국식 음역 발음으로 노래했다고 합니다. 그러다 1892년 들어 감리교 선교사들이 서양이나 중국 찬송가를 부분적으로 번역하여 <찬미가>라는 이름으로 출판했는데, 이것이 한국 최초의 찬송가입니다. 그 이후 감리교에서는 이 <찬미가>를 계속 개정하며 출판했고, 장로교에서는 <찬셩시>를, 그리고 언더우드 선교사가 개인적으로 <찬양가>를 출판하기도 하였습니다. 한국인이 작사한 찬송은 1894년부터 선교사들이 편집한 찬송가에 등장하기 시작합니다. 1895년에 출판된 <찬미가>에는 한국인이 작사한 세 곡이 나오는데, 그 중 한곡은 여성의 작품입니다. 여성이 작사한 최초의 한국 찬송의 제목은 '예수의 놉흔 일흠이'(예수의 높은 이름이)인데, 역시 오늘의 말체로 바꾸어 옮깁니다.

1. 예수의 높은 이름이　내 귀에 들어온 후에
   전 죄악을 소멸하니　사후천당 내 것 일세
2. 사람육신 생긴 근본　생어로 귀어토 하네
   가련하다 천한 몸을　조금도 생각지 말세
3. 귀한 영혼 예수 따라　천당에 곧 올라가세
   거기가 내 본향 일세　착한 영혼 모였구나
4. 지성으로 믿던 덕이　좋은 줄을 깨닫겠네
   여호와와 동락하니　무궁무진 즐겁도다

이 1895년 판 <찬미가>이후 한국인이 작사한 찬송가들이 꾸준히 등장합니다. 그런데 한 가지 흥미로운 사실은 몇 안 되는 한국인 작사 찬송가들 가운데 죄 사함을 받고 눈물 흘리며 감격해 하는 내용의 가사들이 계속 등장한다는 사실입니다. 이 가사들을 연도순으로 오늘의 말체로 바꾸어 옮겨봅니다.

'우리 주의 피를 보면'(1894년 판 <찬양가>, 작사자미상)

1. 우리 주의 피를 보면 정신이 아득다
   지존지대 하시거늘 어찌 죽으셨나
2. 범죄케 한 것 있거든 십자가를 보라
   인자하심 무궁하다 더 큰 사랑 없네
3. 조성하신이 죽으사 죄를 속량하네
   태양이 이것을 보고 본 빛을 잃었네
4. 예수 십자가를 보니 내가 부끄러워
   돌과 같은 마음인들 **눈물이 안날까**
5. **죽도록 눈물 흘려도** 은혜를 못갚네
   내 전체를 받쳐 보은할 수 없네

(후렴) 나 죄인을 구하였고 너도 구하였네
만국 사람을 구하니 은혜 무궁일세

'우리를 예수 구하셨으니'(1895년 판 <찬양가>, 작사자 미상)

1. 우리를 예수 구하셨으니 그 은공 어떻게 갚을까
   그 은공 갚자고 할라하면 만분의 일을 갚을 손가
2. 십자가 위에서 흘리신 피 우리를 위하여 흘렸으니
   우리도 구주를 위할려면 십자가를 지고 좇아가네
3. 세상에 괴로움 받으신 것 **생각하면 곧 눈물이 나네**
   모든 죄 담당하려 오셨으니 죄인을 불쌍히 역임일세
4. 이렇게 날 사랑하셨으니 성회를 이만치 사랑하세

거룩한 공로를 나타내어　　한 곡조 노래로 찬양하세

(후렴) 공없이도 사랑 받으니　**감격하고 즐겁구나**

진정으로 사랑하시니　나도 사랑하세

'우리 죄악 심중하여'(1897년 판 <찬미가>, 배재학당 학생)

1. 우리 죄악 심중하여　　지옥 갈 자 우리로다
   우리 죄를 어찌하나　　생각하면 **눈물 나네**
2. 우리 죄를 씻으라고　　구세주가 오셨구나
   우리 죄를 근심하사　　십자가에 대신 죽네
3. 진심진력 회개하여　　사신(死神) 우상 다 버리고
   우리 주께 돌아오면　　지옥 갈 자 천당 가네
4. 십자가에 흘린 피로　　우리 죄를 다 씻였네
   예수 말씀 다 믿으면　　전 죄악을 다 사하네
5. 주의 은혜 생각하면　　**슬프고도 쳐량하니**
   정성으로 애를 써도　　주의 은혜 갚지 못해
6. 우리 구세주를 높여　　기뻐하여 찬미하세
   예수 이름 의탁하니　　마귀 놀라 급히 가네

'이 세상에 중생들은'(1900년 판 <찬미가>, 작사자 미상)

1. 이 세상의 중생들은　　주의 은덕 바이 몰라
   우리 주를 믿지 않고　　자행 자지 하였구나
2. 여호와께 득죄하니　　지금비록 살았으나
   사후 지옥 들어가서　　저 형벌을 어찌할고

3. 태산 같은 중한 형벌　　가초 가초 다 겪으니
세상에서 지은 악이　　**생각수록 원통하다**
4. 두루 생각 하여보니　　후회하나 쓸데 없네
이런 일을 생각하면　　누가 아니 후회하리

이상의 가사들이 첫 찬송가이후 1900년대 초까지 한국인이 노랫말을 지어 적당히 서양곡이나 우리 전통가락에 맞추어 부른 찬송가들입니다. 말씀드린 대로 위의 찬송가 가사들에는 죄사함 받은 감격에 눈물겨워하고, 그 감격을 모르는 사람들에 대해서는 가슴아파하는 한국 그리스도인들의 신앙고백이 들어있습니다. 이런 신앙고백의 찬송가들은 지어 부르는 이들이 실제 자신의 삶 속에서 직접 체험하고 고백하지 않고는 눈물로 부를 수 없는 노랫말로 되어 있습니다. 그리고 더 놀라운 것은 이런 삶의 고백들이 담긴 한국인들의 찬송 노랫말들이 계속 이어져 오고 있다는 점입니다. 이런 신앙전통의 찬송가 노랫말은 1905년에 지어진 김인식의 ‘예수 나를 위ᄒᆞ야’ 라는 찬송가에서 그 절정에 도달합니다. 이 찬송가사는 우리에게도 잘 알려져 있으므로 옛 글체 그대로 옮겨봅니다.

‘예수 나를 위ᄒᆞ야’(1905년 판 <찬셩시>, 김인식)

1. 예수 나를 위ᄒᆞ야 십자가를 질ᄯᅢ　세샹 죄를 지시고 고초당ᄒᆞ셧네
2. 십ᄌᆞ가를 지심은 무솜 죄가 잇나　뎌의 무지ᄒᆞᆫ 이들 미ᄉᆡ아 죽엿네
3. 피와ᄀᆞᆺ치붉은죄 업ᄂᆞᆫ이가 업네　예수십ᄌᆞ 공로로 눈과 ᄀᆞᆺ치되네
4. 아름답다 예수여 나의 됴ᄒᆞᆫ 친구　십ᄌᆞ공로 아니면 영원 형벌 밧네

(후렴) 예수여 예수여 나의죄 위ᄒᆞ야　보배 피를 흘니니 죄인 밧으쇼셔

이 찬송가 노랫말은 그 지은이가 밝혀진 첫 한국인 찬송가입니다. 이 찬송가는 1907년 신앙대부흥운동으로 가는 길목인 1905년에 출판된 <찬셩시> 제9판에 수록되었는데, 그 이후 1908년의 <찬숑가>를 비롯하여 대부분의 찬송가에 실렸고, 오늘 한국교회가 사용하는 찬송가에도 그대로 실려 있습니다. 요즘은 이 찬송가가 성찬식 할 때만 부르는 곡으로 고정되어버린 감이 있는데, 사실은 1903년부터 시작된 한국교회 신앙대부흥운동의 와중에 신자들에 의해 눈물로 고백되고 가장 많이 불려졌을 찬송가일거라는 사실을 우리는 충분히 알아차릴 수 있습니다.

사실 신앙대부흥운동 이전까지는 한국교회는 각 교단에 따라 각기 다른 찬송가를 사용하고 있었습니다. 그런데 신앙대부흥운동 직후인 1908년에 처음으로 장로교와 감리교가 연합하여 하나의 찬송가인 <찬숑가>를 간행하였습니다. 이 <찬숑가>의 탄생은 1907년 신앙대부흥운동이 낳은 교회일치 운동의 중요한 결실 중 하나였습니다. 이 장 · 감 연합 찬송가는 이후 한국교회사를 통해 찬송가 통일의 첫 선례가 되었습니다.

잠시 이야기의 흐름이 끊어졌는데, 이와 같이 삶의 고백이 담겨지고 눈물로 애통해하며 불렀던 찬송가의 맥이 일제 식민지 시기에도 계속 한국인에 의해 이어집니다. 그런데 이제는 암울한 민족의 현실에서 민족의식을 일깨우고 예수께 민족 현실의 구원을 의탁하는 내용으로 바뀌고 있습니다.

'풍랑에서 구원함'(1931년 판 <신정찬숑가>, 김활란)

1. 캄캄한 밤 쌀쌀한 바람 불 때　　만경창파 그 넓은 바다에
   고독한 배 한척이 떠나가니　　아 위태 하구나
2. 미친바람 늘 쉬지 않고 불며　　그 놀란 큰 물 파도 일울 때
   연약한 저 배사람 어찌할까　　참 가련 하구나
3. 물결칠 때 배 의지하는 사공　　외로운 중 큰 위험 느끼며
   무릇 하늘 우러러 쳐다보고　　천부께 비는 말
4. 주 하나님이 죄인 굽어 보사　　이 물결 다 잔잔케 하시고
   참 불쌍한 이 인생 살리소서　　사랑의 하나님
5. 권능의 손 그 노를 져으시니　　모진 바람 또 험한 큰 물결
   제 아무리 힘 있게 몰려와도　　잔잔케 하시네

이 찬송가 역시 지금도 한국교회가 사용하고 있습니다. 옛 글체의 노랫말을 요즘 말투로 바꾸었어도 그때와 지금에 많은 차이가 없습니다. 이 찬송가 역시 당시에는 눈물 없이는 부를 수 없었을 것입니다. 그러나 한국교회 초기부터 이어져 내려온, 삶을 담아 고백하는 눈물의 찬송가는 일제 말과 한국전쟁 초기에 순교하신 순교자 주기철 목사님과 손양원 목사님에게 와서 최고조에 달합니다.

'영문 밖의 길'(1940년대, 주기철)

1. 서쪽하늘 붉은 노을 영문밖에 비치누나
   연약하온 두 어깨에 십자가를 생각하니
   머리에는 가시관 몸에는 붉은 옷

힘없이 걸어가신 영문밖에 길이라네

2. 한발자국 두발자국 걸어가신 자욱마다
뜨거운 눈물 붉- 은피 가득하게 고였구나
간악한 유대병정 포악한 로마병정
걸음마다 자욱마다 가진 포악 지셨구나

3. 눈물 없이 못가는 길 피 없이 못가는 길
영문 밖의 좁은 길이 골고다의 길이라네
영생복락 얻으려면 이 길만은 걸어야해
배고파도 올라가고 죽더라도 올라가세

4. 아픈 다리 싸매주고 저는 다리 고쳐 주사
보지 못한 눈을 열어 영생 길을 보여주니
칠전팔기 할지라도 제 십자가 바로지고
골고다의 높은 고개 나도 가게 하옵소서

5. 십자가의 고개턱이 제아무리 어려워도
주님가신 길이오니 내가 어찌 못가오랴
주님제자 베드로는 거꾸로도 갔사오니
고생이라 못가 오며 죽음이라 못가오리

'주님 고대가'(1940년대, 손양원)

1. 낮에나 밤에나 눈물 머금고 내 주님 오실기만 고대합니다.
가실 때 다시 오마 하신 예수님 오 주여 언제나 오시렵니까

2. 고적하고 쓸쓸한 빈 들판에서 희미한 등불만 밝히어 놓고,
오실 줄만 고대하고 기다리오니 오 주여 언제나 오시렵니까

3. 먼 하늘 이상한 구름만 떠도 행여나 내 주님 오시는가 해,
머리 들고 멀리멀리 바라보는 맘 오 주여 언제나 오시렵니까

4. 내 주님 자비한 손을 붙잡고	면류관 벗어들고 찬송 부르면,
주님계신 그곳에 가고 싶어요	오 주여 언제나 오시렵니까
5. 신부되는 교회가 흰옷을 입고	기름준비 다 해놓고 기다리오니,
도적같이 오시마고 하신 예수님	오 주여 언제나 오시렵니까
6. 천년을 하루같이 기다린 주님	내 영혼 당하는 것 볼 수 없어서,
이 시간도 기다리고 계신 내 주님	오 주여 이 시간에 오시옵소서

한국교회 초기 애통하는 한국 기독교인들이 지어 불렀던 노랫말은 1907년의 신앙대부흥운동을 통해 한국교회의 찬송가의 한 전통을 형성하게 되고, 이후 일제 식민지의 민족적 질고를 통과하면서 순교자들을 통해 십자가와 부활과 재림의 신앙이라고 하는 전 기독교 신앙을 포괄하는 장엄한 서사시로 승화되었습니다. 그런데 그 믿음의 후손들인 우리가 여기에서 한 가지 되 집고 가야할 부분이 있습니다. 이상의 찬송 노랫말들이 오늘의 한국교회가 소외시키고 있는, 소위 '질질 짜는' 또는 '한 서린' 찬송가 또는 복음송가들의 원조라는 사실입니다. 이제는 연로하신 신자들에게서도 잊혀지고 있는 앞의 찬송들이 1907년 신앙대부흥운동과 일제시대와 한국전쟁을 거쳐 전형적인 한국교회의 신앙 정서를 대변하는 노랫말들이라는 사실을 잊어서는 안 될 것입니다.

삼천리반도 금수강산
공동체를 위한 한국교회사 읽기

6월

하나의 목표, 그러나 함께 갈 수 없었던 사람들!

복음과 이념 이야기

남한의 교회와 북한의 교회가 서로 진심으로 만날 수 있기 위해서는 먼저 해결해야 될 문제가 있었습니다. 남한은 남한대로, 북한은 북한대로 반공과 반미 이데올로기를 극복하고, 서로의 교회 실체를 인정해야 했습니다. 그런데 이 '극복'과 '인정'은, 그동안 서로 상대방의 책임으로 몰아붙이며 원수가 되게 했던 민족과 교회의 큰 상처들을 '내 탓'으로 고백해야 했던 것이지요. 이것이 참 힘들었습니다.

각기 다른 생각을 하는 사람들!

"오직 사랑 안에서 참된 것을 하여 범사에 그에게까지 자랄지라. 그는 머리니 곧 그리스도라. 그에게서 온 몸이 각 마디를 통하여 도움을 받음으로 연결되고 결합되어, 각 지체의 분량대로 역사하여 그 몸을 자라게 하며, 사랑 안에서 스스로 세우느니라."(에베소서 4장 15-16절)

6월은 우리 민족에게 큰 아픔이 있는 달입니다. 1950년 6월 25일은 온 세계인이 다 아는 동서냉전의 결정판이요 '동족상잔(同族相殘)'의 비극인 '한국 전쟁'이 시작된 날이기 때문입니다. 3년 동안 계속된 이 전쟁은, 당시 나라 안팎의 여러 가지 원인이 복합적으로 작용했습니다만, 큰 틀에서는 이념 전쟁이었습니다. 이념 또는 이데올로기가 좁은 의미에서는 '개인 혹은 집단의 생각을 지배하는 배타적인 논리'로 다소 부정적인 뜻을 가지고 있지만, 역사적으로는 '사회변혁'과 깊은 관련을 가지고 사용되어 왔습니다. 어떤 사회든 다양한 계층이 그 사회를 구성하고 있습니다. 그런데 그 사회를 지배 또는 주도하는 특정 계층에 의해 그 사회 안에 불평등과 착취 등 '인권'에 관련된 문제가 매우 심각하게 악화되어 있을 때, 그 사회는 큰 모순에 빠지고, 그 결과 그 사회 구성원들의 삶은 그만큼 왜곡되게 됩니다.

이때 그 사회의 구성원들 사이의 갈등을 해소하고, 그 사회의 모순과 왜곡 현상을 바로잡으려는 두 가지 '투쟁'이 나타납니다. 먼저는 그 모순 된 사회를 지배하고 있는 논리를 극복하려는 '논리투쟁'이 있고, 다음으로는 그 왜곡된 사회의 구조를 되돌리려는 '힘의 투쟁'이 있습니다. 이 과정에서 투쟁하고 있는 구성원들의 생각과 행동의 근거가 되는 이념(이데올로기)이 드러나게 됩니다. 따라서 어느 사회든 그 사회의 구성원들이 다양하면 다양 할수록, 그만큼 그 사회에는 다양한 이념들이 있게 마련 아니겠습니까.

'1907년 신앙대부흥운동을 거치면서 한국교회는 민족의 복음화와 자주독립 사이의 관계를 보다 다양하게 생각하게 되었다. 그리고 그 다양한 생각들은 식민지시기에 한국교회가 일제의 억압에 대해 다양한 방식의 항일운동을 전개하도록 했다'고 말입니다. 이는 한국교회가 복음을 민족문제에 적용하는 방식이 다양해 졌고, 그 만큼 한국교회가 성숙해져 갔다는 뜻 아니겠습니까. 당시의 한국교회는 민족의 왜곡된 현실을 바로 잡으려는 '항일투쟁'의 근거를 복음 안에서 발견했습니다. 그리고 그 복음적인 투쟁을 식민지 한국사회에 보편화시키기 위해서는 '세속이념'이라는 도구들이 필요했는데, 이제 그 선택의 폭(스펙트럼)이 매우 넓었던 것이지요. 우리는 '오늘'을 살아가고 있는 한국교회를 볼 때, 복음을 민족의 현실에 구체화시키기 위해 선택한 그 도구들이 너무 단순하지 않은가 싶어 답답할 때도 있습니다.

다른 방법을 찾는 사람들!

"주의 성령이 내게 임하셨으니 이는 가난한 자에게 복음을 전하게 하시려고 내게 기름을 부으시고, 나를 보내사 포로 된 자에게 자유를, 눈 먼 자에게 다시 보게 함을 전파하며, 눌린 자를 자유롭게 하고, 주의 은혜의 해를 전파하게 하려 하심이라."(누가복음 4장 18-19절)

1919년의 3·1운동은, 한국 기독교인들의 민족의식이 얼마나 높은지를 한국사회에 여실히 드러내준 사건이었습니다. 그리고 이와 함께 1920년대는 한국교회의 사회의식도 매우 높아진 시기입니다. 민족의식이란 일제의 식민지로부터 민족이 해방되어야 한다는 문제라면, 사회의식이란 사회 구석구석에 만연되어 있는 불평등과 착취 등, 사회의 모순을 바로 잡아야 한다는 문제의식입니다. 물론 당시 식민지 체제아래 있는 한국으로서는 민족의식이든 사회의식이든 일본 제국주의와 불가피한 관계에 있기에, 독립만 된다면 쉽게 해결될 문제로 보이기도 했습니다. 적어도 민족문제는 그렇습니다만, 사실 사회문제는 좀 복잡합니다. 민족문제는 단순히 외세와의 관계이지만, 사회문제는 외세뿐만 아니라, 전통적으로 내려오는 그 사회 구성원들 사이의 오랜 관계에서 기인하기 때문입니다.

흔히 우리는, 민족문제는 거시(擧示)적인 '큰 틀'의 문제요, 사회문제는 미시(微示)적인 '작은 틀'의 문제로 분류하기도 하지만, 그 두 문제는 서로 밀접한 관계에 있다는 것을 잘 압니다. 결국 1920년대에 들어와 한국은 그간의 민족문제와 함께 사회문제에도 깊은 관심을 가지게 되었다는 뜻이지요. 당시 사회문제라면 무엇이었을까요? 언뜻 생각해 보면, 한국 사람들이 일본사람들에게서 받는 부당한 착취가 있고, 일본 앞잡이가 된 친일파들의 횡포도 있을 것이며, 대대로 내려오는 전통적인 양반 지주들의 봉건적인 행태도 있을 것입니다. 사실 권력층이나 지주들은 이런 것들을 문제라기보다는 자신들의 당연한 권리라고 여길 것이고, 봉건적인 사회일수록 사회전체가 또 그렇게 여겨주지요. 그렇지만 그 '당연한 권리'를 '착취'나 '횡포', 또는 부당한 '봉건적인 행태'로 여기게 되면 그 권리는 더 이상 소수가 누려야 할 권리가 아닌 사회문제가 되는 것 아니겠습니까.

1917년에 우리나라의 북쪽에 있으면서 국경선도 어느 정도 마주하고 있는 러시아에서 소위 '볼셰비키 혁명'이 일어나 성공했습니다. 이 혁명은 러시아의 혁명가들이 자신의 조국 러시아에 맑스의 사회주의 이념을 적용하여 국가와 사회변혁에 성공한 사례라고 할 수 있겠지요. 그런데 이 사건이 식민지 아래의 한국인들에게 민족문제와 사회문제를 바라보는 데에 새로운 시각을 더해 주는 계기가 되었습니다. 한국인들이 사회주의에서도 민족해방과 사회변혁을 위한 이론적 도구를 찾은 셈이지요. 사회주의는 한국인들에게 또다른 세계관을 제공하였고, 사회경제적 변혁과 민족해방에 헌신하는 이들에게는 전연 새로운 형태의 분석방법을 제공하여 주었습니다. 이를 계기로 한국사회는 민족운동과 사회운동이 서로 긴밀하게 결부되어 전개되었습니다. 1920년대에 들어 노동자 조직이 결성되어 그 활동을 활발히 전개했는데, 1928년의 통계에 따르면, 전국적으로 노동자 조직이 350개, 농민 조직이 166개 존재했다고 합니다. 사회주의 사상이 한국사회의 전통적인 민중적 문화요소와 결부되면서 한국인들의 사회의식을 첨예화하고 민족운동을 질적으로 상당한 수준까지 끌어올리게 된 것입니다. 그러므로 민족과 사회문제에 깊은 관심을 가지고 있던 한국 기독교인 가운데에도 사회주의에서 새로운 방법론적 대안을 찾은 사람도 있었지 않았겠습니까? 그 대표적인 몇 사람을 소개하면 이렇습니다.

먼저, 구한말에서 일제시대에 걸쳐 활약한 대표적인 항일운동가 중 이동휘(李東輝, 1873-1935년경)라는 분이 있습니다. 그는 함경남도 단천군에서 태어나 고향에서 하급관리를 하다 서울에 올라와 무관학교를 졸업한 이후에는 궁전 친위대 장교(1899년)를 거쳐 1902년에는 참령으로 승진하여 강화도의 군 사령관 격인 진위대장이 되었습니다. 그런데 이동휘는 하급관리 시절부터 한국 정부의 부정부패 문제로 고민도 많이 하고, 심지어는 공개적으로 규탄하기도 했습니다. 더 나아가 그는 왕인 고종에게 찾아가 자신의 계급과 지위를 박탈해 달라는 요청까지 했다고 합니다. 그러던 그가 1904-1905년 무렵 강화도의 지방 전도자에게서 복음을 들은 후 교회 앞에 자신의 죄를 고백하고 열성적인 기독교인이 되었는데, '강화의 바울'이라는 별명이 그에게 붙여질 정도였습니다. 그를 지켜본 선교사(케이블, E. M. Cable)는 이렇게 증언하고 있습니다.

> "그의 신실함은 다음과 같은 사실을 통해 의심의 여지없이 증명되었다. 그는 즉시 담배와 술을 끊었으며 이어 친구들을 찾아가 자신의 잘못을 고백하고 그들의 용서를 구했고, 그들에게 자신이 찾은 심령의 평안을 이야기 했으며, 자신의 경우를 따르도록 그들에게 권유했다. 이 섬에서 그가 이교도로부터 받고 있던 존경과 덕망으로 인해 그는 선을 위한 놀라운 영향력을 끼치게 될 것이다. ... 그가 개종한 이후 이 도시의 귀신들은 고통을 겪었으며, 낡고 더러운 귀신들은 파

멸에 빠졌다고 나는 들었다. 그리고 아마도 그 귀신들은 강화의 바울에게 굴복했다고 말해질 것이다."

이동휘가 기독교인이 된 이후 적어도 1910년대까지는 복음 전파와 교회 설립에 남다른 열성을 보이면서 항일 활동과 애국계몽 운동을 전개했다고 합니다. 그는 주로 교회나 학교에서 열린 부흥사경회와 각종 집회를 통해 청중들에게 국가의 위기를 벗어나기 위해서는 기독교를 믿어야 한다고 역설했습니다. 그의 설교에 영향을 받아 기독교인이 되고 훗날 한국교회의 지도자가 된 사람들 가운데에는 송창근과 같은 진보인사도 있고, 김린서와 같은 보수인사도 있습니다. 그런 그가 1918년에 한국 최초의 사회주의 단체인 '한인사회당'을 조직하여 사회주의 운동에 뛰어들었고, 1920년에는 조선 공산주의 대표로서 상해 임시정부의 국무총리가 되기도 했습니다. 그래서 그를 첫 기독교 사회주의자라고 부릅니다. 그가 죽기까지 기독교 신앙을 가진 사회주의자였는지에 대해서는 학자들마다 논란의 여지가 있습니다. 반면에 그를 진정한 사회주의자라고 할 수 있느냐고 문제를 제기하는 사람도 있다고 합니다. 그럼에도 불구하고 그는 기독교인이면서도 사회주의자가 될 수 있다는 문제의식을 던져준 첫 번째 사람이 됩니다. 이런 문제의식은 그보다는 연령이 20여살 어리나 같은 시대 기독교 사회주의자로서 활동했던 이대위(李大偉, 1896-1982)의 글("사회주의와 기독교사상")을 통해서도 엿볼 수 있습니다. 이해를 돕기 위해, 그 일부를 오늘의 말체로 옮깁니다.

> "본인이 사회주의를 논하면, 듣는 이들 가운데는 필히 무슨 위험한 사상이 포함되었을 것이라 생각하는 사람도 있고, 사회주의를 인류가 행복을 향유함에 있어서 안녕과 질서를 혼란시키는 한 괴물에 불과하다고만 보는 사람도 없지 않으며, 또한 설교가와 종교가들 중에는 종교의 중요 이론을 거론하면서 사회주의를 무조건 부인하는 사람들이 실로 부지기수이다. 그러나 본인이 금일에 처하여 현실의 사회제도를 찬동하지 아니하며, 또 현실의 여타 부패한 제도를 만들어 내는 차등을 만분의 일이라도 찬동하지 아니하는 바이다. 확언하면 본인은 이 만족스럽지 못하고 평등하지 않은 세계를 부인하고, 본인이 동경하는 어떤 신세계를 조성하려 함에는 기독교사상과 사회주의가 서로 같다고 생각하는 것이다."

기독교 사회주의자들이 즐겨 인용하곤 했던 복음적인 사회변혁 이론은 위에서 인용한 누가복음 4장 18-19절의 말씀이었습니다. 갈릴리 예수의 영성이 그들 삶의 바탕이었다고 할 수 있습니다. 그러나 '종교는 민중의 아편'이라는 생각에서 벗어나지 못한 사회주의 청년들은 교회가 '특권층의 편에 서고, 가난한 사람들에게 희망을 안겨주지 못하고 있다' 며 공격하기 시작했습니다. 하지만 이 시기 한국교회는 사회주의자들의 그런 공격에 신학적으로 교회를 변호할 준비를 갖추지 못한 상태였습니다. 그러던 차에 만주나 시베리아에서 공산주의자들에 의한 기독교인들의 순교가 잇따르게 되자, 한국교회는 공산주의자나 사회주의자들을 매우 경계하게 되었습니다. 이런 역사의 흐름 속에서 기독교 사회주의자들이 복음과 사회주의를 접맥시키려 했던 노력은 크게 빛을 발하지 못하고, 오히려 한국교회 안에서 자신들의 입지를 제대로 확보할 수조차 없었습니다. 그리고 사회전반에 걸

쳐서도 사회주의자들은 당시 식민지아래의 국내에서 활동하기가 매우 힘들었습니다. 사회주의자들도 일제의 식민통치나 심지어는 신사참배 강요도 반대하고 거부했기 때문입니다. 그러므로 식민지시대에 일제에 의해 박해받은 종교집단이 기독교였다면, 이념집단은 사회주의자들이었습니다.

하나의 목표, 그래도 함께 갈 수 없었던 길!

"이 때부터 예수께서 비로소 전파하여 이르시되 회개하라 천국이 가까이 왔느니라 하시더라."(마태복음 4장 17절)

1945년 8월 15일에 있은, 우리민족의 일제 식민지로부터의 해방은 민족문제와 사회문제를 일시에 다 해결해 주는 듯 했습니다. 그러나 우리나라가 세계전쟁에 패배한 제국주의 국가인 일본으로부터 해방은 되었지만, 그 세계전쟁을 승리로 이끈 제국주의 국가들인 미국과 소련에 의해 곧바로 분단되었습니다. '해방의 날'이 '분단의 날'로 바뀐 것입니다. '분단의 날'은 다 해결된 듯한 민족문제와 사회문제를 이전보다 상상할 수 없을 정도로 더 복잡하게 얽히고 꼬이게 만들어, 이 민족에게 더 큰 고통과 좌절을 안겨주었습니다.

해방/분단이 되자 이 민족의 모든 구성원들은 저마다 이 나라를 제대로 세워보겠다며 '국가 재건'에 나섰습니다. 우리나라를 되찾았으니, 그동안 일제 탄압 속에서 고통당하거나 숨죽이고 있던 모든 세력들이 자신들의 국가 재건 이념을 들고 나온 셈이지요. 한국교회도 예외는 아니었습니다. 해방된 이 나라가 기독교 국가가 되어야 한다며 '기독교적 국가 재건'의 기치를 들고 나왔습니다. 한국교회 지도자들 중에는 저 멀리 신의주에서 목회하고 있던 한경직 목사와 윤하영 목사가 주도하여 '기독교 사회민주당'을 결성하였습니다(1945.9.18).

한경직 목사는 훗날 그 정당을 결성하게 된 동기에 대해, "누군가가 꼭 해야 할 일인데 할 사람은 없으니 우리라도 손을 대어야 한다는 '애국일념'하에 새 나라의 건국의 기틀은 반드시 민주적이고 기독교적인 '터'위에 놓아야겠다는 소박한 생각뿐이었다"고 말한 적이 있습니다. 그러나 이미 소련과 사회주의 세력이 장악하고 있는 북한지역에서 그 의도는 말 그대로 '소박한 생각'일 뿐이었습니다. 사회주의 이념에 기초하여 국가를 재건하려했던 세력들이 기독교 이념에 기초하여 국가를 재건하려는 한국교회의 일부세력을 그냥 보아둘 리 없었습니다. 그래서 결국 '기독교 사회민주당' 용암포 지구 결당식에서 양측 사이에 폭행사건이 있었고, 이 일이 빌미가 되어 '신의주 학생사건'(1945.11.18)이 발발했습니다.

이 사건은 해방/분단이후 한국사회에서 공산주의 세력과 기독교 세력 사이의 첫 유혈 대결이었습니다. 그리고 이 사건은 곧 북한과 남한 곳곳에 알려져, 공산주의 또는 사회주의 세력과 기독교 세력이 국가 재건에 더 이상 함께 할 수 없다는 사실을 명백하게 하는 계기가 되었습니다.

여기에서 우리는 일제 식민지시기에 기독교 사회주의자가 있었다는 사실을 확인한 것처럼, 해방/분단이후 한국교회에 이념적으로 서로 다른 배경을 가진 기독교인들이 있었다는 사실도 분명히 해야 할 필요가 있습니다. 이 말은 곧, 한국교회의 역사 속에도 공산주의 내지는 사회주의에 대한 반응을 기초로 '우파'와 '좌파' 또는 '중도파'가 존재했음을 인정하는 것입니다. '기독교 우파'란, 남북한 지역에서 국가 재건을 위해 반소(反蘇)·반공(反共) 성격의 기독교정당을 결성하거나 그 투쟁을 선도하고 그 과정에서 죽거나 고통을 당한 교회 지도자 및 평신도를 일컫습니다. '기독교 좌파'란, 북한지역에서는 '북조선기독교도연맹'을 중심으로 공산주의 정권에 적극 협력하고, 남한지역에서는 반미(反美)·반이승만 투쟁 성격의 기독교정당을 결성하거나 그 투쟁을 선도하고 그 과정에서 죽거나 고통당한 교회 지도자 및 평신도를 일컫습니다.

그리고 '기독교 중도파'란, 북한지역에서는 반공·반소의 성향을 가지고 있지만 북한 공산주의 정권과 일정한 거리를 두면서 한국전쟁까지 북한의 교회를 지키거나 '북조선기독교도연맹'에 소극적으로 가담하고, 남한지역에서는 반공 또는 반미 성향을 가지고 있으나 이념논쟁에 휘말리지 않고 교회재건에 더 큰 관심을 가진 교회 지도자 및 평신도를 일컫습니다. 이런 분류에 따르면, 한국전쟁을 거치면서 북한에서는 기독교 우파 및 중도파가 '미제의 앞잡이'라는 이름으로 박해를 받았고, 반면에 남한에서는 기독교 좌파 또는 중도파가 '빨갱이 공산당'이라는 혐의로 박해를 받았습니다.

우선 북한의 기독교 우파로서 반소·반공 투쟁을 이끌었던 장로교의 김병조 목사라는 분이 있습니다. 그는 3·1운동 당시 민족대표 중 한 사람이기도 한데, 그분의 반공 사상을 엿볼 수 있는 증언이 있어 소개합니다.

> "(김병조 목사는) 반공운동은 하늘의 명령이다. 기독교인은 신앙으로 무장하여 교회를 사수해야 할 사명이 있다고 하며, 생명은 하나님의 것이니 최후의 일각까지 하나님께 바쳐 밀알 하나의 희생을 해야 한다고 강조하면서 교회를 떠나지 않았다. 목사 장로들도 모두 피난하였으며 많은 사람들이 피난해야 산다고 권유를 하여도 '교회를 버리고, 남아있는 교우들을 버리고 나는 떠날 수가 없다'고 피난 권유를 완강히 뿌리치고 교회를 사수하였다."

또한 남한의 기독교 좌파로서 반미 · 반이승만 투쟁을 이끌었던 감리교의 김창준 목사라는 분이 있습니다. 그 역시 3·1운동 당시 민족대표 중 한 사람이기도 한데, 서울에서 '기독교민주동맹'을 결성하였습니다.(1947.2.24) 그 결성 선언문에서 우리는 1920년대 기독교사회주의자들의 정신을 발견할 수 있습니다.

> "진실로 '예수 그리스도'의 사회정신에서 살고 또 살려는 모든 신도는 분연히 총궐기하여 옳은 로선을 걸어야겠다.…만민이 다같이 잘 살 수 있는 인민적 민주주의국가건설에 참가함으로써 기독교인의 량심적인 사회적 책무를 완수하는 길이다. 우리 기독교 민주동맹은 복음적 신앙에 입각하야 근로인민의 리익을 위함은 물론, 삼천만이 다 잘 살 수 있는 민주독립국가 전취를 위하야 궐기함을 이에 선언한다."

이상과 같이 해방/분단이후 한국사회와 한국교회 대부분이 이념의 소용돌이 속에서 정치세력화 되어 갈 때, 기독교 우파나 좌파와는 달리 교회본연의 모습을 회복하려 애쓰던 기독교 중도파가 있습니다.

그중에 대표적인 분이 '사랑의 원자탄'이라 일컬어지는 순교자 손양원 목사입니다.

> "오늘의 이러한 대 환란은 4천년 역사상 초유의 신벌(神罰)이다.… 내가 오늘에 이 죄악상을 말하면 우익에게나 좌익에게나 정치가에게나 경관에게나 미국인에게나 교역자 혹은 교인에게 욕을 먹고 매 맞고 죽임 당할지 모르나 하나님의 대명(大命)이시니 전하다가 죽더라도 내 어찌 안 전할 것이겠느냐? 나는 네 가지 큰 죄악의 원인을 말하겠으니 각각 자기 죄에 비추어서 회개하기를 바란다."

위의 글은 한국전쟁 초기인 1950년 9월 13일, 그가 여수 애양원의 수요예배를 위해 준비한 설교문 중에 일부입니다. 이 설교문을 작성하던 중에 그는 공산군에 의해 붙잡혀 갔고, 곧바로 순교했기에, 다 완성되지도 선포되지도 못한 미완의 멧세지이기도 합니다. 그가 계속 이어서 전쟁의 원인으로 지적한 '큰 죄악 네 가지'는, 남한의 교회가 무비판적으로 절대 지지했던 이승만 정권과 그 관료들의 실정, 미국과 미국 선교사들의 잘못된 정책, 일제 당시 신사참배 문제 및 신학문제로 인한 교회의 분열, 그리고 우리민족이 범한 죄악들 등 모든 영역을 망라하고 있습니다.

해방/분단 이후 한국교회는 이처럼 자본주의, 사회주의 등에 기초한 다양한 이념의 틀들이 있어 서로 다투고 있었으나 그들 각각의 목표는 하나였습니다. 위의 성경말씀이 보여주듯, 예수복음에 기초한 '하나님의 나라' 건설이었습니다. 그럼에도 불구하고, 그들은 자신들만의 이념들에 사로잡힌 나머지 자신과는 다른 이념을 가진 기독교인과 함께 더불어 살며 일하는 것을 용납할 수 없었습니다. 이것이 해방/분단이후 오늘에 이르기까지 이 민족과 교회가 겪고 있는 가장 크고 아픈 상처입니다.

손을 마주 부여잡고 포옹하는 원수들!

> "야곱이 눈을 들어 보니 에서가 사백 명의 장정을 거느리고 오고 있는지라.…몸을 일곱 번 땅에 굽히며 그의 형 에서에게 가까이 가니, 에서가 달려와서 그를 맞이하여 안고 목을 어긋맞추어 그와 입맞추고 서로 우니라." (창세기 33장 1-4절)

한국교회는 해방/분단이후 한국전쟁을 겪으며 이념이 다른 기독교인들과는 더 이상 함께 더불어 살 수 없었습니다. 자본주의 남한은 기독교 우파만 살아남을 수 있었고, 사회주의 북한은 기독교 좌파만 겨우 살아남을 수 있었습니다. 여기에다 남한과 북한 모두 혹독한 독재정권의 지배아래 살다보니 조금이라도 생각을 다시 바꿔 먹어볼 기회도 없었습니다. 그러다 1980년대에 들어 양쪽에서 참 어려운 발걸음을 서로 내 딛기 시작했습니다. 우리끼리 우리 땅에서 만나기 어려우니 다른 나라 땅에서 우리 모임에 다른 나라 사람을 끼워서 만났습니다. 언젠가는 꼭 만나야 한다고 생각해 왔기에 만나긴 하겠지만, 그동안 살아온 환경과 생각이 너무 달라져 있고, 거기에다 과거에 상대방들로부터 얻은 삶의 상처가 너무 깊었기에 아직은 서로를 쉽게 믿을 수 없었던 거였지요. 남한의 기독교 우파든, 북한의 기독교 좌파든, 아직은 서로 잔뜩 경계한 야곱과 에서들이었습니다.

남한의 교회와 북한의 교회가 서로 진심으로 만날 수 있기 위해서는 먼저 해결해야 될 문제가 있었습니다. 남한은 남한대로, 북한은 북한대로 반공과 반미 이데올로기를 극복하고, 서로의 교회 실체를 인정해야 했습니다. 그런데 이 '극복'과 '인정'은, 그동안 서로 상대방의 책임으로 몰아붙이며 원수가 되게 했던 민족과 교회의 큰 상처들을 '내 탓'으로 고백해야 했던 것이지요. 이것이 참 힘들었습니다. '네' 탓을 '내' 탓으로 고백하면, 오히려 우리들 사이에 '그것이 왜 우리 탓이냐' 며 분열이 있을지도 모른다는 공포는 현실이었습니다. 그러다 한국교회는 결국 해 냈습니다. 남북 분단의 극복을 선교적 차원의 과제로 인식함과 아울러 1988년 2월 29일, 남한의 한국기독교교회협의회는 온 민족 앞에 "민족의 통일과 평화에 대한 한국기독교 선언"을 채택하였는데, 그 선언 속에 '분단과 증오에 대한 죄책 고백'이 있었던 것입니다. 그리고 같은 해 4월 25-29일 인천에서 열린 '세계기독교한반도 평화협의회'를 통해 같은 내용을 전 세계에 선포해 버렸습니다. 그 내용의 일부를 소개합니다.

> "본 협의회는 역사의 현시점에서 한반도 북쪽에 있는 우리의 형제자매들을 여기에서 환영할 수 없는 사실을 슬프게 생각한다.…우리는 하나님의 정의와 평화에 대한 예언자적 증거에 불충한 죄책을 다함께 고백한다.…한민족 분단의 죄가 곧 그리스도의 몸의 분열임을 통감하면서…, 교회 역시 반공 이념에 사로잡힌 나머지 일부에서는 그것을 복음과 동질적인 것으로 곡해하고 있다. 이러한 반공이념은 그리스도인들로 하여금 사회에서 화해자로서의 소명을 망각하게 하고 있으며 이러한 반공이념의 악영향은 일부 한국 기독교인들이 북한에 있는 예

배공동체가 지속적으로 복음을 생생하게 증거 해 왔다는 사실을 인정하지 않으려고 하는 데에서도 단적으로 나타난다."

비록 남한의 교회 일부만이 먼저 북한의 형제자매를 꼭 껴안아 버린 사건이었지만, 이 일은 이후 남북한 교회 모두가 서로를 받아들이고 오고가며 돕고 원수 감정마저 벗어버리게 한 큰 앞걸음이 되었습니다.

여기에서 더욱 중요한 것은 1920년대 이후 대립만 해 왔던 기독교 이념논쟁은 이제 더 이상 의미가 없게 되었다는 점입니다. 이것은 한국교회가 1907년 신앙대부흥운동의 정신으로 되돌아갔다는 뜻도 됩니다. 1920년대의 이동휘이든 이대위이든, 해방/분단 이후의 김병조 목사이든 김창준 목사이든, 1980년대의 '조선기독교도연맹'이든 '한국기독교교회협의회'이든 복음의 빛에서는 다 그리스도의 몸인 한 지체들일 뿐입니다.

왕을 위해 기도하고, 동족을 위해 싸우는 사람들!

복음과 민족 이야기

1907년의 신앙대부흥운동은 일제 식민지 기간에 펼쳐진 한국교회의 다양한 민족운동의 영적이고 도덕적인 기본 토대가 되어 주었습니다. 따라서 항일 무장투쟁가 우덕순에서 시작하여 무교회주의자 김교신을 거쳐 신사참배 반대로 순교한 주기철 목사에 이르기까지의 모든 항일운동은 한국 교회 민족운동의 다양하고 폭넓은 스펙트럼으로 이해해야 합니다.

왕을 위해 기도하는 사람들!

"여호와여 왕을 구원하소서. 우리가 부를 때에 우리에게 응답하소서" (시편 20편 9절)

한국의 개신교는 19세기 후반인 1879년에 자생적 신앙공동체의 형태로 이 땅에 생겨났습니다. 이때는 우리 민족의 운명이 바람 앞의 등잔처럼 참 위태로웠습니다. 민족 내부적으로는 나라 안의 오랜 모순들이 제대로 해결되지 않은 채 쌓이고 쌓여 그 한계점에 도달해 있었고, 민족 밖 국제적으로는 산업혁명과 과학혁명과 정치혁명까지 두루 맛본 서양 제국주의 세력들 및 어느새 그들과 어깨를 나란히 한 일본이 그들 나라의 국가적 이익을 위해 우리나라를 얕잡아 보고 손에 넣으려 했습니다. 따라서 당시 우리 민족 구성원이라면 누구라도 민족의 앞날에 대해 걱정하지 않을 수 없었습니다.

우리가 한국 개신교의 초기 역사를 공부하면서 흔히 나누는 주제들 가운데, '이 시기 한국인들이 기독교를 받아들이게 된 그 이유가 무엇이었을까?' 하는 질문이 빠지지 않고 등장합니다. 그리고 이 주제를 대부분의 한국교회사들은 다음과 같이 정리합니다. '계층상 하류에 속하는 사람일수록 개인과 가정의 생명과 재산을 보호하고 신분의 상승을 추구하려는 이유에서 기독교에 귀의한 경우가 많았다. 반면에 계층상 상류에 속하는 사람일수록 민족의 자주독립과 번영을 위해 도움을 받으려는 애국적 뜻을 가지고 기독교에 귀의한 경우가 많았다.' 당시의 시대정황에서 볼 때, 개인과 가정의 하루하루 삶이 불안정한 계층들과, 개인의 삶보다는 민족의 내일이 더 걱정될 수밖에 없는 계층은 분명 삶의 규모나 내용이 달랐을 것이기에, 위의 결론이 전적으로 틀렸다고 말할 수는 없을 것입니다. 그러나 한국의 역사를 되돌아보면, 민족이 위기에 처해 있을 때, 그래도 끝까지 삶의 터전에 남아 고향을 지키며 민족의 운명과 자신을 따로 생각하지 않고 하나로 여긴 사람들은 상류계층보다는 오히려 이름 없는 평민들이 더 많았었다는 사실을 쉽게 확인할 수 있습니다. 이런 사실은 기독교 역사에서도 예외는 아니어서, 한국개신교의 역사적 성격을 규명하는 데에 매우 중요한 단서가 됩니다.

한국개신교는 그 출발부터 민족의 종교였습니다. 초기 '자생적 신앙공동체'의 성격도 그렇지만, 그 시대에 이 민족이 마주 대하고 있는 운명자체가 신앙인들로 하여금 민족의 운명과 자신을 하나로 여기도록 했습니다. 아직은 조선시대 봉건적 사고의 틀을 깨뜨려 벗어버릴 수 없던 그들은, 왕의 운명과 민족의 운명을 동일시했고, 그렇게 자신들의 민족사랑을 표현했습니다. 1896년 7월의 23-24일자 <독립신문>에는 기독교인들이 지어 부르고 있던 '애국가'가 실렸습니다. 옛글 원문의 일부를 그대로 옮기고 이해를 돕기 위해 옆에 나름의 해석을 달아봅니다.

하ᄂᆞ님ᄭᅴ 셩심기도 국ᄐᆡ평과 민안락을

(하나님께 성심기도 나라태평과 백성평안을)

님군봉축 졍부ᄉᆞ랑 학도 병뎡 순검ᄉᆞ랑

(임금봉축 정부사랑 학생 병사 순검 사랑)

ᄉᆞ람마다 ᄋᆡᄌᆞ픔어 공평뎡직 힘을 쓰오

(사람마다 사랑과 자비품어 공평정직 힘을 쓰세)

륙신셰상 잇슬때에 국ᄐᆡ평이 뎨일 죠타

(육신세상 있을 때에 나라태평이 제일 좋다)

국긔잡고 ᄆᆡᆼ셔ᄒᆞ야 대군쥬의 덕을 돕세.

(국기잡고 맹세하여 대군주의 덕을 돕자)

이처럼 애국가를 지어 부르던 한국 기독교인들은 더 나아가 대나무 끝에 국기를 달아 자신의 집이나 교회에 세워놓았습니다. 또한 1896년 9월 2일 고종의 탄신일을 맞아 교회가 연합으로 축하식을 한 일이 있었습니다. 이 날의 일들을 지켜본 <독립신문>은 이렇게 그 모임의 분위기를 전하고 있습니다. 이해를 돕기 위해 오늘 말체로 옮깁니다.

서울 예수교회 교인들이 대군주 탄신 경축회를 하였는데, 사람들이 약 천명이 모여 애국가를 부르는데, 대군주 폐하의 성체 안강하심과 조선 인민의 부강함을 축원하고 전국 인민이 한마음 협력하여 서로 돕고 서로 사랑하여 아무쪼록 조선이 자주 독립이 되고 인민이 타국 인민과 같이 세상에 대접을 받고 학문과 재능이 늘며, … 나라 명예와 영광을 다른 일보다 먼저 생각하고 모두 하나님께 축원하되, 조선을 불쌍히 여기사 세계 각국과 같이 복을 받게 도와 주소서 하고 …

이런 일들은 분명 선교사들이 시켜서 한 일이 아니었습니다. 선교사들은 한국 교회가 가진 가장 흥미 있는 모습 가운데 하나가 애국심이라고 표현하기도 했습니다. 이런 한국교회의 애국심이 교회의 성장을 가져왔습니다. 물론 한국 교회만 유난히 애국적이었던 것은 아닙니다. 역사 속에서 민족의 아픔을 자신의 삶과 하나로 여기곤 했던 이 나라 백성들이, 다시금 민족이 몹시 곤란에 빠진 현실에서 자신들의 애국심을 표현할 가장 큰 통로를 한국 교회에서 찾게 되었다는 뜻입니다.

동족을 위해 싸우는 사람들!

"나는, 육신으로 내 동족인 내 겨레를 위하는 일이면, 내가 저주를 받아서 그리스도에게서 끊어질지라도 달게 받겠습니다." (로마서 9장 3절)

1900년대에 들어서 한국 교회의 애국심은 한편으로 구체적인 항일 독립투쟁의 성격으로 발전했습니다. 사실 그전까지는 한반도를 둘러싼 외세가 여럿이어서 어느 나라가 적이고 어느 나라가 우리나라의 독립에 도움이 될지를 놓고 제 정파간에 갈등이 있었지만, 이제는 그 어느 나라도 우리에게 도움이 될 수 없다는 사실이 확인됨과 아울러 일본제국주의라는 뚜렷한 적이 드러났기 때문일 것입니다. 이제는 한국 교회가 무기를 들고 일어나야 할지도 모릅니다. 그러나 아직은 그렇게 되지 않기를 바랄뿐입니다. 1905년 '을사조약'을 계기로 일제의 한국 침략의도가 더욱 노골화되자 한국교회의 저항도 더욱 구체적이고 거세지게 되었습니다. 한국교회의 저항은 먼저 서울과 지방에서 여러 차례 개최된 구국 기도회를 통해 표출되었습니다. 그해 11월 상동교회에서 교파를 초월하여 개최된 구국기도회는 민족을 향한 한국교회의 열망을 잘 드러내고 있습니다. 그때의 기도문을 통해 당시 한국교회의 마음을 읽어봅시다. 오늘의 말체로 옮겼습니다.

> 만왕의 왕이신 하나님이시여, 우리 한국이 죄악으로 심윤(沈淪)에 들었으매, 오직 하나님밖에 빌데 없어 우리가 일시에 기도하오니, 한국을 불쌍히 여기사 예레미야와 이사야와 다니엘의 자기 나라를 위하여 간구함을 들으심같이 한국을 구원하사 전국 인민으로 자기 죄를 회개하고 다 천국백성이 되여, 나라가 하나님의 영원한 보호를 받아 지구상에 독립국이 확실케 하여 주심을 예수의 이름으로 비옵나이다.

당시 대부분의 한국교회 기도회가 그랬듯이 이 구국기도회 역시 일주일간 계속되었고, 참여한 인원 역시 수천 명이나 되었는데, 일반인들까지도 참여했습니다. 그런데 이런 구국 기도회들이 1903년에 시작되어 1907년에 그 절정에 도달한 신앙대부흥운동으로 가는 길목에 있었다는 점에 주의를 기울입니다. 위의 기도문을 보면, 신앙대부흥운동의 두 가지 축인 '회개기도운동'과 '성경공부운동'의 영향아래 있다는 사실을 확인할 수 있습니다. 민족의 죄에 대한 회개와 함께 말씀에 따른 구체적인 적용이 드러나 있습니다.

사실 1907년의 신앙대부흥운동에 대한 평가에서 부정적인 부분이 있다고 한다면, 그 운동이 가져다 준 한국교회의 몰역사적, 비정치적 특성이 주로 거론되곤 하였습니다. 한국교회가 신앙대부흥운동을 거치면서 이전의 민족교회적인 특성이 제거되고 초월적 내세 지향적 신앙양태가 형성되어 민족이 당면한 문제를 외면하게 하였다는 것이지요. 이런 문제제기는 비중 있는 한국교회사 서적들이나 학자들이 지금까지 일관되게 주장해온 내용이어서 대부분의 한국교회에 아무런 비판 없이 받아들여져 있는 실정입니다. 특히 한국교회가 가진 역사적 모순이 있다고 한다면, 그 원인은 단연 이 1907년 신앙대부흥운동의 몰 역사성에서 기인한 것이라는 논리는 한국교회 뿐만 아니라 한국사회 일반에도 마치 절대불변의 사실처럼 여겨집니다. 그런데 그 100주년 되는 2007년 들어 1907년의 신앙대부흥운동에 대한 평가가 여러 교단들과 한국교회역사 관련 연구소들에서 다양한 학자들을 통해 이루어지면서 지금까지의 부정적인 평가가 크게 부각되지 않는 경향입니다. 한국교회에서 진행 중이던 대대적인 100주년 행사를 배려한 것이었다고 할 수도 있겠지만, 그보다는 1907년 신앙대부흥운동이 한국교회에 끼친 영향이 매우 광범위하다는 사실이 더욱 밝혀지면서 그런 부정적인 평가를 많이 상쇄시켰다고 봅니다. 정말로 1907년 신앙대부흥운동이 이후 한국교회를 몰 역사적이고 비정치적인 교회로 만들었느냐 하는 부분은 꼭 짚어 보아야할 내용입니다.

1907년 신앙대부흥운동은 선교사와 한국기독교인, 신자와 불신자, 남녀노소, 신학과 교파의 차이를 불문하고 일어났습니다. 말씀과 참회에 따른 영적 각성은 한국인들에게 지극히 개인적이고 영적인 차원의 죄뿐만 아니라 사회적이고 가정적인 죄 문제까지도 매우 민감하게 반응하도록 했습니다. 또한 한국인들의 죄 인식은, 세례요한이 바리새인들과 사두개인들에게 요구했듯이, "회개에 합당한 열매"(마 3:7-

8)를 매우 구체적이고 실제적으로 맺게 했습니다. 따라서 이 신앙대부흥운동을 우리는 한편 한국사회의 '집단적 회심운동' 또는 '집단적 도덕갱신운동'으로도 규정할 수 있습니다. 1907년의 신앙대부흥운동은 마치 한국교회사의 용광로와도 같아서 이전의 모든 사건이 이 속으로 들어와 새롭게 정련되어 나갔던 것입니다. 그러므로 1907년 이후의 한국교회가 민족교회로서의 옛 정체성을 그대로 간직하고 있는지 그렇지 않은지의 문제는 일제 식민지 치하에서 한국교회가 민족의 문제에 어떤 식으로 응답해 왔는지를 살펴보면 보다 더 분명해질 것입니다.

다양한 신앙과 다양한 증언들!

"그가 어떤 사람은 사도로, 어떤 사람은 선지자로, 어떤 사람은 복음 전하는 자로, 어떤 사람은 목사와 교사로 삼으셨으니, 이는 성도를 온전하게 하여 봉사의 일을 하게하며 그리스도의 몸을 세우려 하심이라."(에베소서 4장 11-12절)

1907년 신앙대부흥운동을 겪으며 그 목격자들이었던 선교사들 가운데는 이 운동을 통해 한국교회가 민족의 정치적인 상황에서 눈을 돌려 불신자들을 전도하여 한국사회가 복음화 되는 길로 가게 되길 바라는 경우도 있었습니다. 그런 선교사들에게는 한국이 자주독립 국가여야 한다는 사실과 한국이 복음화 되어야 한다는 사실은 서로 아무런 상관이 없는 일이였습니다. 이런 의식은 분명히 선교사이기 이

전에 그리스도인으로서의 역사의식 문제일 것입니다. 그러나 한국의 기독교인들에게는 처음부터 그 두 가지 사실은 따로 떼어 생각할 문제가 아니었습니다. 다만 1907년 신앙대부흥운동을 거치면서 한국교회는 '한국을 복음화해야 한다'는 문제와 '민족이 자주독립해야 한다'는 문제 사이의 관계를 보다 다양하게 생각하게 되었다고 봅니다. 이런 결론은 식민지시기에 한국교회가 일제의 억압에 반응하는 항일운동의 다양한 방식에 따른 것입니다. 그 다양한 방식이라면, 우선 기존의 무장독립투쟁 방식에서부터 교육운동, 독립운동, 문화운동, 성서운동, 부흥운동, 저항문학운동, 신사참배 반대운동 등에 이르기까지 다양하고, 그 시기적으로도 일제 식민지 전 시기에 두루 펼쳐지고 있습니다. 이제 한국교회의 그 다양한 항일운동을 민족운동이라는 틀에서 시기별로 살펴봅니다.

먼저 무장독립투쟁으로는 가톨릭 신자인 안중근과 함께 일제의 통감 이토 히로부미 암살에 나섰던 감리교 청년 우덕순의 투쟁을 들 수 있습니다. 1909년에 그가 안중근과 함께 거사 직전에 하얼빈에서 남긴 민요 형태의 시조가 있습니다. 오늘의 말체로 옮깁니다.

> 만낫도다 만낫도다 원수너를 만낫도다
> 너를한번 만나고자 일평생에 원했지만(중략)
> 살피소서 살피소서 주예수여 살피소서
> 동반도의 대제국을 내원대로 구하소서
> 오호간악 이노적아 아등국민 이천만을
> 멸망까지 시켜놓고 금수강산 삼천리를(중략)
> 너뿐인줄 아지마라 너의동포 오천만을

오날부터 시작하여 하나둘씩 보는대로
내손으로 죽이리라

우리 중에 '이 글은 도저히 기독교인이 쓸 수 있는 내용이 아니다'고 할 분도 있겠지만, 분명한 것은 한국교회가 그 시대 속에서 표출한 민족의식의 한 양태라는 점입니다.

1910년대 고국을 떠나 타향에서 민족의 현실을 애달파할 수밖에 없었던 한국교회도 있었습니다. 조상대대로 물려받은 땅을 일제에 빼앗기고 새로운 삶의 터전을 찾아 북간도로 간 한국기독교인들은, 그곳에 공동체와 학교를 세우고, 역사과목과 함께 민족의 포부와 정서를 기르는 노래를 지어 가르쳐 불렀습니다. 일종의 항일 교육운동인 셈입니다. 다음은 1913년경 북간도의 학생들에게 널리 퍼져있던 노래 중에 한 대목입니다.

무쇠 골격 돌 근육 청년남아야
황황한 대한혼 발휘하여라
다달았네 다달았네 우리나라에
청년의 생활시대 다달았네
만인 대적 연습하여
후일 전공 세우세

1919년 3월 1일의 독립운동은 한국교회에게도 매우 중요한 사건입니다. 3·1운동에서 한국교회가 어떤 역할을 했으며, 그 일 때문에 이후 얼마나 많은 댓가를 치루었는지 하는 것은 다시 언급하지 않아도 될 것입니다. 다만 3·1운동 민족대표 중에 한 사람이었던 장로교 김병조 목사가 쓴 '우리 한국 동포들에게 보내는 글'을 소개합니다. 이해를 돕기 위해 오늘 말체로 해설된 글을 옮깁니다.

> 슬프다 우리 팔도의 동포여. 깊은 잠에 빠져 있음을 크게 뉘우칠지어다. 하늘의 모습을 우러러 보아라. 동방의 밝은 별이 이미 밝았고 시국의 형편을 두루 살펴보아라. 많은 백성들이 세상을 경계하는 말이 저절로 소리가 들리니 자태를 뽐내며 휘날리는 태극기는 제군들의 조국정신이 활발한 때문이고 열렬한 만세 소리는 제군들의 일체 생명의 맥박이 다시 진동하는 도다. (중략) 어른은 독립을 위해 피를 바쳐 죽는 것이 옳으며, 늙은이는 독립가를 함께 부르며, 부녀자들은 독립심에 목숨을 맹세하며, 만입을 한말로 개가를 소리 높여 부를지어다.

이 글은 3·1운동 당시 김병조 목사가 평북 일대를 순회하면서, 3·1운동의 발발 소식을 전하고 독립정신을 고취시키기 위해 작성 배포했던 격문입니다.

3·1운동이후 나타난 민족운동의 또 다른 양태는 '물산장려운동'입니다. 이 운동은 조만식, 김동원, 이승훈씨 등 기독교계 인사들이 주동이 되어 민족의 앞날을 대비하여 일으킨 일종의 문화운동이었습니다. 이 운동의 주요내용은 토산품 애용운동, 일본따라하기 배척운동, 외래상품 배척운동이었고, 장로교의 농촌운동도 기독교 민족운동 차원이었습니다. 여기에서는 조만식 선생의 글을 소개합니다.

> 첫째 사람을 사랑하고 겨레를 사랑하라. 둘째 옳은 사람이 되어라. 그러자면 예수를 믿어야 한다. 셋째 학문을 잘해서 남에게 뒤지지 말라.

> 기독교 청년들아! 최고의 이상을 가져라. 기도하여라. 염원하여라. 그리고 활동할 것이다. 오직 거기에 의기와 활력을 얻을 것이다. 농촌으로 돌아가라. 겨레의 8할이 농민이니 이들을 대상으로 사업을 한다면 그것은 곧 전 조선을 대상으로 하는 것과 마찬가지다. 공동의 작업을 하여 이 백성에게 봉사하라. 이 백성에게 봉사할 것을 기억한다면 조선기독교회는 물론 이 백성의 부흥이 성취될 것이다.

1920년대 김교신의 <성서조선> 잡지 발행도 한국기독교 민족운동 차원에서 이해할 수 있습니다. 민족 조선의 희망을 성서에서 찾았던 것이지요.

> 우리가 그를 위하여 하려는 일은 무엇인가? 성서의 연구이다. 옛날 것 같으나 영원히 새것인 성서의 진리를 그에게 제공하려 함이다. 여호와를 아는 지식 백두산부터 한라산 까지 가득 차 예수 그리스도의 십자가, 부활, 재림의 신앙이 조선 사람의 마음을 잡게 함이다. 사람의 생명 중추인 영혼의 각성이다. 천상에 민적을 옮기게 함이다. 독일을 암흑에서 꺼낸 루터의 믿음, 영국을 멸망에서 구제한 크롬웰의 신뢰, 미국을 건설한 청교도의 신앙을 조선도 갖게 함이다.

1920년대에서 30년대의 길선주와 김익두 목사로 대표되는 부흥회 역시 한국교회의 민족운동 차원에서 이해할 수 있습니다. 길선주 목사의 부흥회는 요한계시록 강해가 그 주된 내용이었습니다. 길선주 목사가 요한계시록에 깊은 관심을 갖게 된 계기는, 그가 3·1운동 민족 대표 중 한 사람으로서 옥고를 치루면서 입니다. 요한계시록은 그 옛날 로마제국의 박해로 절망 가운데 신음하던 초대교회에 주어진 하나님의 희망의 메시지요 암호입니다. 길선주 목사 역시 민족의 절망가운데서 계시록을 통해 희망을 보았고, 그의 설교를 듣는 한국교회 역시 계시록을 통해 민족의 현실을 정확히 읽어내고 그들의 삶을 바로잡아 갔던 것입니다. 그러므로 이 사실을 간파한 일제는 한국교회가 계시록을 읽지 못하도록 철저히 금지시켰습니다.

김익두 목사의 부흥회 특징은 이적 집회였습니다. 그러나 그 이적 집회가 오늘 우리가 생각하듯 병을 고치고 귀신을 쫓아내기 위해 비이성적 행위가 동원되고 교인들의 삶을 왜곡시키는 그런 내용은 아니었습니다. 한국교회의 대표적인 진보 신학자였던 김재준 박사가 그의 부흥회를 통해 회심하였습니다.

그는 어쩌면 이 땅에 가장 낮은 자들의 현실이 질병이요 귀신들림이라는 사실을 직시하고, 그들이 예수 그리스도와 대면하도록 도왔던 사람입니다. 그 역시 일제의 만행에 '아니요'라고 말할 수 있는 한국교인 중 한사람이었습니다. 그는 일제 식민지 말년인 1942년에 신사참배를 반대했다는 이유로 함구령이 내려지고 목사직을 박탈당했으며, 자신의 주거를 제한당하기도 했습니다. 그는 이때 이 민족의 아픔을 이렇게 노래했습니다.

슬프다 이 강산 금잔디 옥동산에
이름모를 들짐승이 짓밟아 버리니
어찌 울지 않고 볼소냐
이리뛰고 저리뛰며 좋은 것은 다 짓밟으니
그 중에 한국교회 상처가 크도다
목사, 장로, 교인들 신앙이 있는 사람이면

죽이고, 내쫓고, 폐인을 만들었으니(중략)

1930년대와 1940년대를 걸쳐 활동한 윤동주의 저항문학도 한국교회 민족운동의 중요한 한 축입니다. 그의 시 가운데 "태초의 아침"(1941년)은 일제로부터 민족이 해방되는 날에 대한 기대를 종말론적 관점으로 표현하고 있고, 우리에게 잘 알려져 있는 "십자가"라는 시는, 고통당하는 예수 그리스도를 이 민족의 아픔과 동일선상에서 표현한 것입니다. "태초의 아침"의 내용은 이렇습니다.

봄날 아침도 아니고
여름, 가을, 겨울,
그런날 아침도 아닌 아침에
빨 - 간 꽃이 피어났네,
햇빛이 푸른데,
그 전날 밤에
그 전날 밤에
모든 것이 마련되었네,
사랑은 뱀과 함께
독은 어린 꽃과 함께.

한국교회 항일운동의 결정체는 아무래도 신사참배반대운동일 것입니다. 일제가 패망하는 그 날까지 한국교회는 항일저항운동을 그 시기마다 각기 다른 방식으로 계승해 왔다고 볼 수 있는데, 이제 그 마지막 양태가 1940년대의 신사참배 반대였습니다. 사실 한국교회가 신사참배반대로 고난의 길을 걸을 때, 국내에는 다른 뚜렷한 항일운동이 없었습니다. 그만큼 한국교회의 신사참배반대는 목숨을 건 공개적인 항일운동이었습니다. 한국교회의 일제 신사참배 강요에 대한 저항은 집단적으로 그리고 개인적으로 지속되었습니다. 개인적 차원의 신사참배반대 운동은 주기철, 손양원 목사 등으로 대표되고 있습니다. 주기철 목사의 최후의 유언 설교라 할 수 있는 "5종목의 나의 기원"(1940.10) 마지막 부분을 옮겨봅니다.

> 오! 주님 예수여 내 영혼을 주님께 부탁합니다. 십자가를 붙잡고 쓰러질 때 내 영혼을 받으시옵소서. 옥중에서나 사형장에서나 내 목숨 끊어질 때 내 영혼을 받으시옵소서. 아버지의 집은 나의 집, 아버지의 나라는 나의 고향이로소이다. 더러운 땅을 밟던 내 발을 씻어서 나로 하여금 하늘나라 황금 길에 걷게 하시옵고 죄악 세상에서 부대끼던 나를 깨끗하게 하사 영광의 존전에 서게 하옵소서. 내 영혼을 주님께 부탁하나이다. 아멘.

집단적 저항운동으로는 경북 청도와 영천지역에서 결성된 '시온산 제국' 운동이 있습니다. 일제의 제국주의적 침략과 억압정치가 극에 달하던 1940년대 초에 박동기 전도사를 중심으로 결성된 '시온산 제국' 운동은, '땅에 있는' 일본 제국주의에 저항하는 '하나님 나라의 제국' 운동이라 할 수 있습니다. '시온산 제국'은 적게는 수십 명에서 많게는 수백 명씩, 일본 경찰의 눈을 피해 산속 깊은 마을 교회에 모여 신사참배를 거부하고, 성경을 읽고 기도를 하며, '종말론적 신앙'으로 그들의 삶을 다잡아 갔습니다. 이 운동을 이끌어 갔던 박동기 전도사는 1945년 6월 8일, 자신을 심문하던 일제 총독부 관원 앞에서 자신들이 신사참배를 반대하는 그 이유를 다섯 가지로 증언 하였는데, 몇 가지만 소개합니다.

> "첫째, 일본제국은 지극히 높으신 하나님을 대적하는 사단의 영을 받은 가짜 제국이므로 곧 멸망합니다.…셋째, 신사참배, 동방요배, 신붕(神棚)설치, 황국신민서사 제창 등을 강요하는 것은 벌을 받을 죄이며 천황은 신이 아니고 사람입니다. 사람을 신이라고 주장하면 또한 벌을 받습니다.…다섯째, 이러한 마귀사단의 제국은 망합니다. 금년 8월에는 전쟁이 끝나고 조선은 해방될 것입니다."

이 '시온산 제국' 운동은 식민지 말기에 한국교회가 일제의 신사참배 강요에 집단적으로 저항한 거의 유일한 실례라고도 할 수 있습니다.

이상으로 우리는 한국교회 초기의 민족운동이 1907년 신앙대부흥운동이라는 용광로를 거친 이후 일제 식민지 기간에 어떤 다양한 양태의 민족운동으로 드러나게 되는지 살펴보았습니다. 1907년의 신앙대부흥운동은 일제 식민지 기간에 펼쳐진 한국교회의 다양한 민족운동의 영적이고 도덕적인 기본 토대가 되어 주었습니다. 따라서 항일무장투쟁가 우덕순에서 시작하여 무교회주의자 김교신을 거쳐 신사참배 반대로 순교한 주기철 목사에 이르기까지의 모든 항일운동은 한국 교회 민족운동의 다양하고 폭넓은 스펙트럼으로 이해해야 합니다.

참 진리의 맛을 본 사람들!

- 복음과 사회 이야기 -

아무리 큰 폭력이 이 민족을 짓밟아도 참된 자유와 해방을 향한 길을 막을 수는 없습니다. 그 길은 예수 그리스도의 길이요, 그분이 그 길 자체이기 때문입니다. 1980년 '광주 민주화운동'을 경험한 한국교회는 이 민족이 누려야할 참된 해방과 자유의 길을 평화통일운동에서 찾았습니다. 그리고 남쪽의 그리스도인은 북을 향해 북쪽의 그리스도인은 남을 향해 힘들지만 의미 있는 걸음들을 내딛기 시작했습니다.

참 길을 찾는 사람들!

진리를 알지니 진리가 너희를 자유롭게 하리라."(요한복음 8장 32절)

1945년 8월 15일은 한국근대사 속에서 우리 민족이 일제의 식민지 통치로부터 해방 된 날입니다. 그러나 해방의 날은 곧 분단의 날이 되어 또 다른 올가미 속으로 우리 민족을 몰아 넣었고, 그 비극과 모순의 쇠사슬에서 아직도 우리는 자유롭지 못합니다. 우리는 이때만 되면, 참된 자유가 무엇인지, 참된 해방은 어디에서 오는 것인지, 곰곰이 다시 생각해 보게 됩니다. 그래서 이번 주제는 참된 해방과 자유를 찾아가는 사람들의 이야기로 엮어 볼까 합니다.

1907년 신앙대부흥운동은, 마치 깊은 산속 이곳저곳 옹달샘에서 발원한 물줄기들이 하나로 합류해 거대한 폭포가 되어 떨어지듯, 한국교회 초기부터 이어 내려오던 두 흐름, 즉 성경공부운동과 회개기도운동이 합류하여 이루어낸 위대한 '삶 신앙' 운동입니다. 참된 '삶 신앙'은 거대한 진리의 폭포수를 마주 대면하지 않고는 살아낼 수 없는 것입니다. 한국교회사가인 김인수 교수는 1907년의 신앙대부흥운동을 이렇게 설명합니다.

"이 운동은 한국인들로 하여금 진정한 기독교의 진리를 터득하게 하였으며 기독교 진리가 한국 기독교인들 마음에 뿌리내리게 하는 계기를 마련해 주었다고 볼 수 있다. 한국인들이 기독교 신앙을 여러 가지 동기로 받아들이고 있었으나 참 기독교 진리를 터득하지 못했다. 그러나 이 부흥운동으로 말미암아 비로소 참된 회개와 성신의 감동, 그리고 새로운 피조물로 결단하는 삶, 즉 전형적인 그리스도인 됨의 과정을 통과하게 되었다."

물론 한국인들이 '진정한 기독교의 진리'를 1907년의 사건을 통해서 비로소 처음 터득했다는 말은 아닙니다. 우리는 오직 '쪽복음서' 하나에 의지해 신앙공동체를 일구고 교회를 세웠던 '자생적 신앙공동체들'을 알고 있습니다. 그런데 19세기 말과 20세기 초, 우리 민족이 나라 안팎으로 극심한 고난과 좌절을 겪게 되자, 많은 사람들은 자신의 생명과 재산을 보호하고 민족의 새 길을 찾기 위해 신흥종교인 교회에 몰려 왔습니다. 이들 모두가 본래 자신들이 안고 있는 고민들을 '복음'안에서 해결해 보려 했던 사람들은 아닙니다. 오히려 교회가 일본 제국주의보다 더 큰 서양 세력을 배후에 가지고 있다고 보았고, 그 배후의 든든한 '빽'에 기대고 싶어 했던 사람들도 많았을 것입니다. 그리고 이왕의 토착 지도자들이나 선교사들은 갑자기 수적 몸집이 부풀어진 한국 교회를 어찌하기 참 버거워 했다는 흔적들도 많이 보입니다. 그러므로 이제 우리는 1903년에서 1907년에 걸친 기간에 한국교회에 신앙대부흥운동이 일어난 것은 전적으로 하나님의 은혜였다는 사실을 보다 잘 이해할 수 있게 되었습니다. '새 술은 새 부대에 담아야' 하듯, 하나님께서는 가난한 나라 가난한 백성들에게 진리 안에서 자유로운 삶을 살아가는 '길'을 보여 주신 것입니다. 이것이 오랫동안 이 땅의 선비들이 그 어떤 어려움에도 자세를 흩뜨리지 않고 바른 삶을 살아낸 안빈낙도(安貧樂道, 가난한 생활 가운데서도 편안한 마음으로 도를 즐김)의 정신과 한가지로 통하는 것이 아닐까요? 분명 우리가 진리를 알면 진리는 우리를 자유롭게 합니다. 우리는 이 불변의 진리를 한국교회의 역사 안에서 '사실'들로 확인할 수 있습니다. 이제 한국교회의 역사를 되돌아보며, 이런 거대한 진리의 폭포수를 만나 참 신앙의 삶을 살아낸 선배 신앙인들을 만나 봅시다.

"당신은 나의 형제요!" –개화기 : 신분철폐 운동

> "이 후로는 종과 같이 대하지 아니하고 종 이상으로 곧 사랑 받는 형제로 둘 자라. 내게 특별히 그러하거든 하물며 육신과 주 안에서 상관된 네게랴. 그러므로 네가 나를 동역자로 알진대 그(오네시모)를 영접하기를 내게 하듯 하고, 그가 만일 네게 불의를 하였거나 네게 빚진 것이 있으면 그것을 내 앞으로 계산하라" (빌레몬서 1장 16-18절)

우리는 그리스도 안에서 모든 사람들을 형제요 자매로 부릅니다. 이런 부름은 우리 주 그리스도를 머리로 하여 우리는 모두 그분의 지체들이라는 신앙고백입니다. 이 신앙고백은 진리인데, 이 진리를 깨달은 한국 교회 초기 성도들은 당시 사회의 신분질서를 타파하고, 가장 천한 계층이라고 일컬어 졌던 백정들까지도 형제라 불렀습니다. 그래서 당시 수도 한양에 세워진 교회들 안에는 백정출신 교인들이 제법 있었고, 교회의 지도자가 되기도 했습니다. 그러나 아직 사회의 인식은 교회를 따라오지 못했습니다. 그러므로 교회는 사회를 향해 그 참된 진리의 가치를 전하게 되는데, 여기에 백정출신 교인들이 앞장을 서게 됩니다. 1895년 당시 서울 공단골 교회(현재 승동교회)의 교인이었던 백정출신 백백정은 왕에게 상소를 올려 백정도 사람으로 대접받을 수 있게 해 달라는 청원을 하게 됩니다. 물론 그는 글을 배우지 못했기에 남의 도움을 받았습니다. 그가 보낸 청원서의 내용을 오늘의 말체로 옮겨 봅니다.

> "우리는 모든 사람들에게 멸시를 받고 삽니다. 심지어는 관가에서 심부름 질하는 하치들까지 우리를 업신여기고 가끔 우리의 재산을 노략질해 갑니다. 만약 우리가 그것을 거절하는 날이면 벼락이 떨어집니다. 그네들은 우리 뺨을 갈기고 옷을 찢고 온갖 악담과 욕설을 퍼붓습니다. 그뿐이겠습니까? 그 자들은 우리를 잡아다가 강제로 일을 부려먹으며 엽전 한 푼 안주면서 천대가 이만저만이 아닙니다. 제일 참기 어려운 것은 삼척동자 아이들이 우리에게 하대 말을 쓰는 일이옵니다. 이 세상에 어디서 이런 불쌍하고 가련한 인생들을 찾아볼 수 있겠습니까? 우리의 당하는 천대와 멸시란 이루 형언하기 어렵습니다. 우리 백정보다 더 천한 광대들은 갓도 쓰고 망건도 쓰고 소매 옷도 입고 다니는데 당신의 비천한 충복 우리 백정들만이 그렇게 할 수가 없으니 어찌 슬프지 아니하며 뼈에 사무치도록 아프지 아니하겠습니까?"

당시의 백정들은 자기 이름에 성을 붙일 수 없었고, 제대로 뜻이 담긴 이름 짓는 것도 허용이 안 된 사회였습니다. 그러므로 '백백정'이란 이름은, 성(姓)은 '백정'에서 따왔고, 이름은 그냥 자신의 신분을 그대로 사용한 것임이 분명 합니다. 결국 그 이름은, '나는 조상대대로 백정이었던 사람이요' 라는 '자기됨 선언'(소위 '커밍 아웃')입니다. 진리 안에서 자유로운 사람이 아니라면 결코 지을 수 없는 그런 이름입니다. 시대의 가장 낮은 자리에 있던 그는, 자기 속에 있는 진리의 힘으로 감히 왕에게 '옳은 삶'의 구체적인 내용을 이야기 하는 것입니다.

"한국교회는 한국인의 것이외다!" –일제하 : 자치교회 운동

> "또 마음을 아시는 하나님이 우리에게와 같이 그들에게도 성령을 주어 증언하시고, 믿음으로 그들의 마음을 깨끗이 하사 그들이나 우리나 차별하지 아니하셨느니라."(사도행전 15장 8-9절)

한국의 기독교는 주체적인 복음 수용의 전통을 가지고 있습니다. 오직 '쪽 복음서'에 의지해 형성된 '자생적 신앙공동체'의 전통이 그것입니다. 초기의 아직은 '어린' 자생적 신앙공동체는 선교사들을 만나 체계적인 교육을 받으며 조직을 갖추어 가게 됩니다. 그 체계적인 교육의 틀 가운데 하나가 이미 1890년부터 한국교회에 도입되어 적용되기 시작하는 '네비우스 선교방법'인데, 우리에게는 '자립(自立), 자치(自治), 자전(自傳)'의 3자 정책으로 잘 알려져 있습니다. 그런데 그 선교사들은 각기 다양한 교파적 전통을 배경으로 파송 받아 한국에 온 까닭에, 그들에 의해 성장해 가는 한국교회 역시 당연히 서구식 교파형 교회로 정착되어 갑니다. 그리고 이 정착의 과정에서 한국 교인들과 선교사들 사이에 많은 갈등을 겪게 됩니다. 그 원인은 경제적인 것, 정치적인 것, 신앙 혹은 신학적인 것으로 나눌 수 있습니다.

여기에다가 동양의 작은 나라가 갖고 있는 문화에 대한 서양 선교사들의 몰이해까지 겹쳐 의식 있는 한국인과 선교사들 사이에 자연히 갈등이 생길 수밖에 없는 것이었지요. 언제나 '선생 노릇'을 하려 했던 선교사들과, 그들로부터 독립해 주체적인 한국교회를 수립하려 했던 한국교회 지도자들 사이에는 많은 거리감이 생길 수밖에 없었을 것입니다.

한국교회에 토착 지도자들이 배출되기 시작하는 1900년대 들어서면서 서서히 그 갈등은 표면화되기 시작했습니다. 뜻있는 한국교회 지도자들은 이 문제를 회피하려 하지 않고 당당하게 풀어가려 했습니다. 그 대표적인 지도자가 한국 장로교 첫 목사들 가운데 한 분인 한석진 목사였습니다. 한석진 목사는, '자생적 신앙공동체' 출신의 토착 기독교인으로서 서양 선교사들이 한국선교를 원활하게 할 수 있도록 누구보다 가장 헌신적으로 도왔던 사람들 가운데 하나였지만, 그는 결코 한국교회가 서양교회의 축소판이 되는 것을 용납할 수 없었습니다. 한석진 목사는 선교사들에게 맞서서 시비와 오해를 들어가면서까지 믿음의 자주성과 기독교의 토착화를 날카롭게 내세우고 주장하였습니다. 그는 한국인으로서 자주성 없는 신앙은 외국 사람인 선교사에게 노예노릇을 자청하는 것밖에 안 된다는 사실을 분명히 인식하고 있던 토착 지도자였습니다. 한석진 목사가 생각하는 민족교회는 처음부터 자주하는 교회였습니다. 그렇기 때문에 그는 처음부터 외국 선교사들을 자신의 목숨을 걸고 도와왔지만, 그들의 의견을 무조건 따르려하지는 않았던 것이지요. 그렇게 한 까닭은 그가 선교사들이나 그들의 선교 사업들을 반대해서가 아니라, 한국 선교의 방침과 방향을 정하는 문제에 있어서 한국교회가 자주하는 교회가 되어야 한다고 생각했기 때문입니다.

한국교회가 성년의 시기를 이미 지난 1910년대에 선교사와 한국교회와의 갈등은 보다 복잡한 양태로 발전합니다. 처음에 한국 교회 지도자들과 선교사 사이의 단순한 갈등이, 교회 안의 지역적 배경의 차이에서 오는 갈등, 교회 정치를 둘러 싼 교권적 갈등 등 여러 가지 형태의 갈등들과 복잡하게 얽히게 된 것입니다. 이런 갈등은 1920년대에 들어 반(反)선교사 운동으로 발전하면서 한국교회의 자유燒眈° 운동, 더 나아가 '조선적 교회' 수립운동으로까지 표출됩니다. 이런 운동을 이끌던 분들 가운데 이만집 목사라는 분이 있습니다. 그는 대구지방에서 3·1운동을 주도하고 옥고를 치르기까지 한 민족운동가였습니다. 그러던 그가 1920년대 초에 대구지방의 모교회인 남성정교회(현 대구제일교회)를 시무하면서 한국교회 자치 운동을 이끌었습니다. 그는 자기와 뜻을 같이하는 사람들과 1923년 3월 18일 '자치선언'을 했습니다. 그 간략한 내용을 오늘의 말체로 바꾸어 옮깁니다.

> "30 성상에 비롯 각오하였다. 우리가 믿음으로 살려면 진리에 속하자. 교회는 신성한 것인데 불의의 구속을 어찌 당하리요. 이제 대구교회는 저 권리를 주장하는 선교사의 정신지배를 받는 경북노회를 탈퇴하고 자치를 선언함"

이런 자치 운동이 한국교회를 다양한 종파 분열로 연결시키는 부정적인 역할을 하기도 했지만, 한국교회의 원형이라 할 수 있는 '자생적 신앙공동체'의 주체적 복음 수용전통을 회복하려는 몸부림으로 평가하면 더 좋을 듯합니다. 특히 이만집 목사의 경우 그의 민족운동이 자치 교회운동으로 이어졌다는 점에 주목 합니다.

"어이할고!" – 해방과 분단 상황: 다시 잃어버린 자유

"내가 일어나 아버지께 가서 이르기를, '아버지 내가 하늘과 아버지께 죄를 지었사오니, 지금부터는 아버지의 아들이라 일컬음을 감당하지 못하겠나이다. 나를 품꾼의 하나로 보소서' 하리라 하고 이에 일어나서 아버지께로 돌아가니라."(누가복음 15장 18-20절)

20세기의 거의 전반부를 우리 민족은 외세 일본의 식민지 침략으로 자유를 억압당하였습니다. 그러다 되찾은 자유였으니 그 해방의 날(1945.8.15)이 얼마나 기쁘고 감격스러웠겠습니까. 그러나 해방의 날은 또 다른 외세에 의해 곧 분단의 날이 되었고, 여기에 덩달아 이제는 같은 민족끼리 형제와 자매의 자유를 억압하는 더 비극적인 역사가 전개되었습니다. 당연히 한국교회는 민족의 이 역사적 현실을 어떻게 이해해야 할지 혼란에 빠질 수밖에 없었을 것입니다. 분단 상황에서 현실의 정치투쟁에 적극 개입하기도 하고, 철저한 정치와 종교의 분리원칙에 입각하여 교회의 일에만 전념하기도 했습니다. 비록 이리저리 이념에 따라 갈리었어도 한국교회는 잃어버린 자유를 찾아 하늘을 향해 울부짖는 소리들을 멈출 수 없었습니다. 먼저 잡지 <새나라> 1946년 4월호에 실린 전영택의 기도문이 있습니다.

"오! 주여, 아직도 아직도 저희에게는 자유가 없으니 한 사슬이 풀리매 또 어떤 새 사슬이 있는 것을 발견하게 되오니, 오 주여, 눈물이

나와 말을 못하겠습니다. 밖으로 오는 사슬도 있는데 저희끼리 갈리고 합하지 못하는 것도 건국을 방해하는 큰 사슬이 아니오리까. 주여, 이미 큰 은혜를 내리시어 놀라운 섭리로 원수의 칼에서 저희들을 구해주신 이는 아버지시오매, 부디 이 백성을 버리지 마옵소서. 저희는 하나님밖에 믿을 데가 없고 호소할 곳이 없습니다. 부디 이 백성을 버리지 마시고 내내 돌아보시옵소서."

이런 하늘을 향한 간절한 기도에도 불구하고 이 민족은 전쟁의 소용돌이에 휘말리고 말았습니다. 이 전쟁에서 굶주리고 헐벗은 사람들은 목숨이 붙어 있는 한, 한 끼 양식을 위해 수단과 방법을 가리지 않게 되었습니다. 전쟁 상황이 악화 될수록 신앙인들은 과거에 의지했던 그 믿음을 끝까지 지켜내기가 참 어려웠습니다. 이 모습을 못내 지켜보며 안타까워하던 석진영 여사는 절망가운데 동요하는 한국교회에 대하여 1952년에 "어이할고"라는 찬송시를 쓰게 되었습니다.

1. 눈을 들어 하늘 보라 어지러운 세상 중에
   곳곳 마다 상한 영의 탄식소리 들려온다
   빛을 잃은 많은 사람 길을 잃고 헤매이며
   탕자처럼 기진하니 믿는 자여 어이할고
2. 눈을 들어 하늘 보라 어두워진 세상 중에
   외치는 자 많건마는 생명수는 말랐어라
   죄를 대속하신 주님 선한 일꾼 찾으시나
   대답할 이 어디있나 믿는 자여 어이할고
3. 눈을 들어 하늘 보라 살아계신 주 하나님
   약한 자를 부르시어 하늘 뜻을 전하셨다
   생명수는 홀로 예수 처음이요 나중이라

주님 너를 부르신다 믿는 자여 어이할고
4. 눈을 들어 하늘 보라 다시 사신 그리스도
만백성을 사랑하사 오래 참고 기다리셔
인애하신 우리 구주 의의심판 하시는 날
곧 가까이 임하는데 믿는 자여 어이할고

그 역시 당시 부산으로 피난 가 힘든 삶을 살고 있었습니다. 이 절망을 '어이해야' 할지, '어이해야' 자신을 비롯한 한국교회 온 교인들이 다시 믿음을 회복하고 그리스도 안에서 참 자유를 얻을 수 있을지 마음의 탄식이 아려있는 가사입니다.

"우리도 사람입니다!" –독재 시기: 정의를 향한 외침

"오직 정의를 물 같이, 공의를 마르지 않는 강 같이 흐르게 할지어다."(아모스 5장 24절)

한국전쟁을 거치며 우리민족은 남과 북으로 허리가 갈린 분단의 상황이 완전히 고착되고 말았습니다. 그 이후의 한국 현대사는 남과 북 똑같이 독재철권 통치의 그늘아래서 민중들의 삶이 철저히 짓밟히고 소외되고 왜곡되는 과정을 밟아 왔습니다. 특히 1960년에서 1980년대로 이어지는 30여년의 소위 한국의 '근현대화 과정'은 노동자 농민늘의 삶을 죽음으로 내모는 상황과도 같았습니다. 그 역사의 소용돌이 한 가운데인 1970년 11월 13일, 22살의 서울 청계천 노동자 전태일의 죽음은 그런 노동자 농민들의 집단적 죽음현상을 미리 막아내기 위한 '자기몸 저항'이었습니다. 그는 자신의 죽음을 지켜보는 친구들에게 이런 말을 남겼습니다. "우리가 할려던 일, 내가 죽고 나서라도 꼭 이루어 주게. 아무리 어렵더라도, 절대로 포기해서는 안 되네. 쉽다면 누군들 안 하겠나? 어려울 때 어려운 일 하는 것이 진짜 사람일세. 내 말 분명히 듣고 잊지 말게. 내 죽음을 헛되이 말라!"

창현교회 주일학교 교사이기도 했던 청년 전태일의 이 '자기몸 저항'을 통해 한국교회는 한국사회의 비극적인 모순을 뚜렷이 인식하고, 노동자 농민들의 삶을 한국교회의 삶으로 받아들이게 됩니다. 1974년 10월 11일 한국기독교학생총연맹(KSCF)은 정의를 부르짖다 구속된 사람들의 석방을 위해 기도하면서, 독재 정치에 대한 투쟁을 계속할 것을 다짐하는 '십자가 선언'을 채택합니다. 그 선언문의 앞 내용은 이렇습니다.

> "청년들이여! 항상 우리를 압도하시는 주님은 우리들이 그의 역사에 동참하시기를 원하신다. 인간을 그의 형상대로 지으신 하나님은 인간을 모든 속박으로부터 해방시키시어 인간다운 생활을 하도록 힘쓰셨다. 허나 지금의 상황은 그의 뜻에 너무나도 어긋나고 있는 것을 우리는 절감한다. 이러한 시점에서 우리는 더 이상 좌절하거나 방황할 수 없어 고난을 죽음으로 극복하여 부활로서 승리한 주님의 생활을 근본으로 삼는 우리 기독학생들은 억압에서 자유로, 절망에서 희망에로의 엄숙한 선언을 한다."

또한 1978년 영등포 산업선교회관 준공예배시에 노동자 성가대가 부르기 위해 지어진 조지송 작사 작곡의 노래, '자유 찾아 가는 길'이 있습니다. 이 노래말에는 당시 노동자들의 삶과 절규가 그대로 녹

아있습니다.

1. 자유 찾아 가는 길이 멀고 험해도
   우리 모두 손을 잡고 그 길로 나가자
   정의 없이 평화 없다 큰 소리 외치며
   평화위한 우리 주장 만방에 전하자
2. 자유 찾아 가는 길이 멀고 험해도
   우리 모두 주님 따라 그 길로 나가자
   사회정의 이룩하자 큰 소리 외치며
   정의위한 우리 주장 만방에 전하자
3. 자유 찾아 가는 길이 멀고 험해도
   우리 모두 단결하여 그 길로 나가자
   노동인권 보장하라 큰 소리 외치며
   인권위한 우리 주장 만방에 전하자"

그러나 이런 절규와 자유를 향한 발걸음도 더 큰 폭력 앞에서는 늘 무참히 꺾이고 무기력할 뿐이었습니다. 1980년 5월에 한반도 남단 광주에서는 박정희 정권의 붕괴이후 새로 등장한 전두환 군부 정권에 의해 한국전쟁이후 최대의 동족상잔의 비극이 있었습니다. 한국전쟁이 남과 북 사이의 이념에 따른 폭력이라면, '광주 민주화운동'은 권력을 거머쥔 자들이 힘없고 소외된 백성들을 향해 휘두른 일방적 폭력이었습니다. 그 폭력의 현상 한 가운데에서 구두닦이 청년 박용준은 이렇게 하나님께 절규했습니다.

"우리의 피를 원한다면 하나님, 이 조그만 한 몸의 희생으로 자유를 얻을 수 있다면 희생하겠습니다. 하나님, 나는 무엇입니까. 너무 가냘픈 존재올시다. 너무 비참한 생활을 하고 있는 자올시다. 주님 한 점 부끄럼 없는 삶을 위해 살려고 노력했습니다. 더 큰 고통과 번뇌와 시련을 듬뿍 주셔서 세상을 이겨 나갈 수 있는 힘과 지혜를 주십시오…하나님, 어찌해야 좋겠습니까. 양심이 그 무엇입니까. 왜 이토록 무거운 멍에를 메게 하십니까. 이렇게 주께 갈급하게 구해야만 세상 일을 할 수 있을까요? 그렇다면…하렵니다. 하나님, 도와주소서…모든 것 용서하시고 세상에는 관용과 사랑을."

이 '광주 민주화운동'을 거쳐 간 어느 이름 없는 노동자는 후에 이렇게 기도했습니다.

"절름발이 친구 앞에서는 뛰어 다니지 않게 하소서.
허약한 동료에게는 함부로 힘자랑 하지 말게 하소서.
찬밥을 꾸역꾸역 먹을 때에도 굶주리는 이웃을 생각하게 하소서.
그리하여 우는 자와 함께 울고, 고통당하는 자와 함께 고통 받아
서로를 부둥켜안고 함께 웃는 그날까지
나아가게 하소서. 아멘."

여기에서 고난을 통해 그리스도에게로 더욱 가까워지고 삶의 내용이 더욱 깊어진 참 자유로운 자의 영성을 맛보게 됩니다.

하나를 향하여(통일의 시대)

"주께서 민족들 사이의 분쟁을 판결하시고, 원근 각처에 있는 열강 사이의 갈등을 해결하실 것이니, 나라마다 칼을 쳐서 보습을 만들고

창을 쳐서 낫을 만들 것이며, 나라와 나라가 칼을 들고 서로 치지 않을 것이며, 다시는 군사 훈련도 하지 않을 것이다. 사람마다 자기 포도나무와 무화과나무 아래 앉아서, 평화롭게 살 것이다. 사람마다 아무런 위협을 받지 않으면서 살 것이다. 이것은 만군의 주께서 약속하신 것이다." (미가 4장 3-4절, 표준새번역)

아무리 큰 폭력이 이 민족을 짓밟아도 참된 자유와 해방을 향한 길을 막을 수는 없습니다. 그 길은 예수 그리스도의 길이요, 그분이 그 길 자체이기 때문입니다. 1980년 '광주 민주화운동'을 경험한 한국교회는 이 민족이 누려야할 참된 해방과 자유의 길을 평화통일운동에서 찾았습니다. 그리고 남쪽의 그리스도인은 북을 향해 북쪽의 그리스도인은 남을 향해 힘들지만 의미 있는 걸음들을 내딛기 시작했습니다. 그 첫 걸음은 1981년 11월 3일에서 6일까지 스위스 빈에서 있었습니다. 여기에서 다른 나라 시민권을 가진 남한출신 그리스도인들과 북한의 그리스도인의 만남이 있었습니다. 아직은 시대적 한계가 그대로 드러나긴 했지만 중요한 한 걸음 이었습니다. 그리고 1988년 2월 29일 한국교회협의회는 "민족의 통일과 평화에 대한 한국 기독교회 선언"을 통해 이 길이 권력자들의 온갖 훼방에도 불구하고 끝까지 걸어가야 할 이 길이며, 이 시대에 주님께서 한국교회에게 주신 선교과제라고 고백했습니다. 그러나 이런 고백에도 불구하고 그렇게 살아내는 일은 쉽지 않았습니다. 누군가 그렇게 살아버리는 선구자 아닌 희생자가 필요했습니다. 이 일에 선뜻 나선이가 바로 문익환 목사였습니다. 그는 1989년 3월 25일 오후 평양을 방문하여 남한 사람들에 의해 '괴수'(魁首)로 불리던 김일성과 서로 품어 안아 버렸습니다. 그리고 이런 평양도착 성명을 남겼습니다.

> "평양 땅을 밟으면서 민족의 분단을 막고 남북의 동족의 피로써 피를 씻는 참담한 비극을 방지해 보고자 모든 방해와 곤란을 무릅쓰고 김구 선생이 38선을 넘은 것은 1948년 4월의 일이었습니다. 그로부터 41년간 세월이 덧없이 흘러갔습니다. 저는 오늘 김구 선생이 걸으셨던 같은 길을 걸어 비록 판문점을 통과하지 못하고 북경을 거쳐서 오기는 했지만, 오늘 제가 평양 땅을 밟게 된 이 벅찬 감회를 무슨 말로 다 표현할 수 있겠습니까? 김구 선생은 그 때 서울을 떠나 평양을 향하시면서 다음과 같은 시 한 구절을 우리들에게 남겨 주셨습니다. '내가 밟고 가는 눈 덮인 들판길 조심하여 헛밟지 말지어다. 오늘 걷는 나의 발자취가 뒤에 오는 이의 표식이 될 것임에.'"

문익환 목사의 평양방문은, 우리가 그동안 이 민족의 역사가 발전해 왔다고 믿었던 것이 얼마나 허상에 불과했던 것인가를 여실히 보여준 사건이었습니다. 우리는 41년 전 그 혼돈의 상황 속에 여전히 머물러 있을 뿐 이었습니다. 아니 어쩌면 우리가 다시 1907년 신앙대부흥운동을 이야기하는 것은 애써 지금 우리 한국교회의 자리를 그때 그 자리로 되돌리고 싶어 하는 것인지도 모릅니다. 그런 의미에서 진리 안에서 참된 자유와 해방을 맛보았던 1907년의 신앙대부흥운동은 여전히 한국교회가 큰 의미를 부여할 만한 사건입니다.

삼천리반도 금수강산 9월

공동체를 위한 한국교회사 읽기

목숨보다 주님을 더 사랑했던 사람들!

한국교회의 순교자들 이야기

오늘날 한국의 모든 기독교인들은 그들이 속한 교회의 규모에 상관없이 신학의 진보나 보수에 상관없이 순교자들의 정신을 되새기며 순교자들이 살았던 장소나 목회했던 교회를 성지로 여겨 지속적으로 방문하고 있습니다. 이것은 바로 순교자들의 신앙이 한국 교회에 계속 살아 있다는 증거입니다.

한국교회의 자랑

"그러므로 너희가 견디고 있는 모든 박해와 환난 중에서 너희 인내와 믿음으로 말미암아 하나님의 여러 교회에서 우리가 친히 자랑하노라."(데살로니가후서 1장 4절)

세계 여러 나라 교회들의 역사와 우리 한국교회의 역사를 서로 견주어 볼 때, 한국교회의 역사는 비교적 짧은 편에 속합니다. 이미 16세기에 기독교가 들어온 일본이나, 저 멀리 7세기 당나라 시대에 선교가 시작된 중국과 같은 이웃 나라들과만 비교해도, 우리의 역사는 가톨릭 교회와 합해도 220여년에 불과해서, 일본이나 중국의 이웃나라임에도 이렇게 늦게 선교된 그 까닭이 신기하게 여겨질 정도입니다. 그러나 이제는 모든 세계교회들이 인정하듯, 한국교회는 그 짧은 역사에도 불구하고 주요 세계선교국들 중에 하나로 우뚝 서게 되었습니다. 그 이유가 무엇일까요? 하나님께서 그런 은혜를 한국교회에 부어주시는 이유가 있다면, 이는 분명 한국교회의 순교자들에게서 찾아야 할 것입니다. 한국교회의 빠른 성장의 중심에는 순교자들의 증언이 있습니다. 이 땅에 교회가 형성되기 시작하면서부터 기독교인들은 박해에 늘 노출되어 있었습니다. 세계교회의 모든 박해들은 각 시대의 정치적 사회적 상황들과 긴밀한 관련을 가지고 나타났습니다. 즉 기독교인들이 소수자나 혹은 다수자로서 그 사회 속에서 갖는 정치 사회적 위상에 따라 박해를 받아 순교하기도 하고 또는 다른 종파들에 대한 박해자가 되기도 했습니다. 그러나 한국교회의 박해는 시대적 상황 속에서 복음에 대한 확고한 증언이 늘 문제가 되어 생겨났습니다. 그리고 이 순교자들의 신앙은 한국교회 영성에 큰 물줄기를 형성해 주었습니다.

무군무부(無君無父)의 종교: 한국초기 가톨릭교회(18-19세기)

> "영접하는 자 곧 그 이름을 믿는 자들에게는 하나님의 자녀가 되는 권세를 주셨으니, 이는 혈통으로나 육정으로나 사람의 뜻으로 나지 아니하고 오직 하나님께로부터 난 자들이니라."(요한복음 1장 12-13절)

18세기 후반, 이 땅의 첫 기독교인들이 고민해야 했던 문제는, 당시 조선사회를 지배하고 있던 이념인 유교의 가치체계였습니다. 조선시대의 유교는 가정과 지역사회와 국가 체계의 근간을 이루어, 국민적 통합을 이루게 하는 국가 종교였습니다. 특히 국가가 외세로부터 침략을 당할 때 국민들은 유교의 가르침에 따라 나라와 왕에게 충성을 다하여 전쟁터에 나아가 싸워야 했습니다. 당시 교회는 한국의 첫 그리스도인들에게 조상에게 제사를 드리지 말라고 가르쳤습니다. 조상제사는 성경의 십계명에서 금하는 우상숭배이기에 당연한 명령이었습니다. 그런데 문제는, 이 교회의 가르침이 당시 유교의 가르침과 대치된다는 점이었습니다. 조상에게 제사를 드리거나 신주를 잘 모시는 것은 유교의 전통적인 중요한 가르침입니다. 더 나아가 조상에게 정성을 다하는 것은 곧 국가와 왕에게 충성하는 것과 같은 의미입니다. 그러므로 기독교인들이 조상에게 제사를 드리지 않는 행위는 조상에 대한 불효일 뿐만아니라 왕과 국가에 반란을 일으키는 행위로 받아들여 졌습니다. 이제 조선 사회는 기독교에 대해, 임금과 나라에 충성하지 않을 뿐아니라 부모에게도 효도하지 않는 무군무부(無君無父)의 종교라고 몰아붙였습니다.

더 나아가 기독교인들은 반역자들이며 나라를 침략하는 외세의 앞잡이라며 박해를 받아 마땅한 대상들로 여겼습니다. 이후 한국의 기독교인들은 거의 1세기 동안 그 한 가지 이유로 혹독한 박해를 받아야 했습니다. 처음에는 한양에서 시작된 박해가 점차 전국적인 현상으로 발전했습니다. 1세기 동안 지속된 박해 기간에 10명 이상의 외국인 신부, 10,000명 이상의 조선 기독교인들이 여러 가지 방식으로 박해받아 죽었습니다. 감옥에서 병들어 죽거나 굶어 죽었고, 강변의 높은 절벽에서 떨어트려져 죽었으며, 참수당하기도 했습니다.

그러나 이런 모진 박해에도 불구하고 기독교인들은 더욱 많아졌습니다. 그들은 박해를 피해 전국 산간벽지로 흩어져서 숨어 살았습니다. 숨어살다 발각되거나 배교자의 밀고로 지도자가 순교당하고 공동체가 완전히 붕괴되기도 했습니다. 그러나 어떤 공동체는 끝까지 살아남아 오늘날까지 그 신앙의 유산을 후손에게 남겨주기도 했습니다. 이 시기 순교자 중 한 사람인 윤지충의 증언을 소개합니다.

"거듭 말씀드리거니와 천주교를 신봉함으로써 제 양반 칭호를 박탈

당해야 한다 해도, 저는 천주께 죄를 짓기를 원치 않습니다. 뿐만 아니라 신주를 모시지 않는 서민들이 그렇다고 하여 정부를 반대하는 것이 아니라는 것과, 또 가난하기 때문에 모든 제사를 규정대로 지내지 못하는 양반들도 엄한 책망을 당하지 않는다는 것을 고려하여 주십시오. 그러므로 제 낮은 생각으로는 신주를 모시지 않고 죽은 이들에게 제사를 드리지 않으면서도, 제 집에서 천주교를 충실히 신봉하는 것은 결코 국법을 어기는 것이 아닌 듯합니다."

"대한민국 독립만세!" : 독립운동(식민지 시대 초기)

"우리가 바벨론의 여러 강변 거기에 앉아서 시온을 기억하며 울었도다."(시편 137편 1절)

한국의 개신교는 가톨릭보다 한 세기 늦게 선교되었습니다. 19세기 말 한국의 정치沼英∏ 상황이 녹녹치 않아 개신교 역시 그 선교 초기부터 여러 가지 박해상황에 노출되어 있었습니다. 전통적인 유교적 가치체계도 그렇지만, 세계열강들이 식민지 침략 속셈을 노골적으로 드러내던 시기였기에 어찌보면 가톨릭의 초기 선교보다 더 큰 박해를 불러 올수도 있는 상황이었습니다. 그러나 이미 가톨릭 교회가 너무 많은 피를 뿌려 그 덕을 보기라도 한 듯, 개신교는 목숨을 잃는 순교가 초기 선교과정에는 없었다고 할 수 있습니다. 오히려 개신교는 나라 안팎의 여러가지 어려운 사건을 겪으며 민족의 종교로 거듭나는 은혜를 얻었다고 보아야 할 것입니다. 그 까닭은 한국교회가 그 초기 형성과정에서 보여준 자립적이고 주도적인 신앙양태와 삶이, 바람 앞의 등잔불과 같았던 민족에게 매우 뜻 깊은 멧세지를 전해주었기 때문이라고 봅니다. 그러기에 한국 개신교의 첫 박해는 마치 한국 개신교의 전통적인 신앙증언을 다시 확인하려는 듯, 민족이 이미 일본제국주의에 의해 식민지로 전락하고 그 식민지 체계가 이 땅에 더욱 공고해져 가려는 시기에 해일처럼 덮쳤습니다.

1919년 3·1독립운동은, 한국 근현대사에서 모든 한국민들의 역량을 총 결집하여 우리민족의 주체성을 국내외에 천명한 가장 주목할 만한 사건입니다. 이 3·1운동에서 기독교는 여타 어느 종교보다도 큰 역할을 감당했습니다. 국내외를 막론하고 초기 조직화의 단계의 거의 모든 흐름에 기독교인들이 직 · 간접으로 관여하였으며, 운동이 전국적으로 확산되는 단계에서는 교회가 전국의 조직과 지도자를 제공하였던 것입니다. 이는 단순히 3·1운동 33인 대표자 가운데 16명이 기독교인이라는 것에 머물지 않습니다. 오히려 민족에 대한 한국교회의 책임의식에 따른 것이었습니다. 그리고 그 책임의식에 따른 희생도 가장 컸습니다. 1919년 당시 조선예수교 장로회 총회에 보고된 내용에 따르면, 장로교만의 피해도 대략 다음과 같습니다. 체포된 자 3804명. 체포된 목사와 장로 134명, 기타 기독교 관계 지도자로 체포된 자 202명, 감금된 남자 신자 2125명, 감금된 여자 신자 531명, 매맞고 방면된 자 2161명, 사살된 자 41명, 현재 수감중인 자 1642명, 매맞고 죽은 자 6명, 파괴된 교회당 12개 처소 등입니다. 당시 한국 기독교인은 총인구의 1.5%에 지나지 않았으나, 3·1운동과 관련되어 피검된 수는 총 피검자의 17.6%에 달했다고 합니다. 이처럼 매우 혹독한 박해 상황을 겪으면서도 한국교회는 세계교회를 향해 이렇게 신앙을 증언하고 있었습니다.

> "이상과 같은 박해에도 불구하고, 한국기독교인들은 한국에 '하나님의 나라'를 세우기 위해 계속 힘을 다했습니다. 우리 기독교인들은 일군을 훈련시켰으며, 교회를 세웠고, 그리고 중국, 일본, 시베리아 및 기타 인접국가에 선교사를 보냈습니다. 교회가 강해지면 강해질수록 일본의 박해는 더욱 악랄해지고 있습니다. ... 한국교회는 그 역사상 가장 위급한 시기를 지나고 있습니다. 우리는 진심으로 여러분의 기도와 기원이 필요합니다. 도와주시기 바랍니다. 1919.5.1 그리스도 안에서의 형제들로부터"

"빵보다 복음을!" : 만주벌판과 시베리아에서(1920-30년대)

> "내가 달려갈 길과 주 예수께 받은 사명 곧 하나님의 은혜의 복음을 증언하는 일을 마치려 함에는 나의 생명조차 조금도 귀한 것으로 여기지 아니하노라."(사도행전 20장 24절)

19세기 말과 20세기 초 조선 왕조가 쇄락해 가면서 국내의 생활환경이 어려워지자 살기 힘들어진 농민들은 북쪽의 국경을 넘어 만주와 시베리아로 이주하기 시작하였습니다. 이런 이주는 한국이 일본의 식민지가 된 1910년 이후 더욱 그 숫자가 많아졌습니다. 그처럼 이주민들이 많아진 이유는 시베리아는 일본의 통치에서 벗어나 있었고 만주는 일본의 통치가 한국처럼 심하지 않을 것이라고 여겨졌기 때문이었습니다. 따라서 한국 교회도 1910년에 들어 체계를 잡아 가면서 점차 이 지역들에 대한 선교에 큰 관심을 가지게 되었습니다.

1919년의 3·1 독립운동 이후에는 일본의 박해를 피해 더 많은 한국인들이 만주와 시베리아 지역으로 이주했고 여기에 기독교인들도 예외가 아니었습니다. 특히 목회자들 중에 민족주의 성향의 독립 운동가들이 이곳으로 많이 이주하였고 그들의 목회활동으로 교세도 크게 성장하였습니다.

그러나 1917년 러시아 공산혁명 이후 만주와 시베리아 지역의 한국선교는 공산주의자들에 의해 심한 견제를 받게 됩니다. 1920년대 들어와 만주와 시베리아 지역의 공산주의자들은 기독교를 포함한 종교 세력을 축출하기 위한 시도를 꾸준히 해왔습니다. 그 결과 한국교회가 받는 고난은 점차 그 정도가 심해지게 되었습니다. 이들 지역의 교회는 공산주의자들의 박해를 받아 그 교세가 점점 약해졌고 많은 교역자들이 그 지역을 떠나야 했습니다. 그럼에도 불구하고 끝까지 그 지역에 남아 선교하면서 한국인들에게 독립의식을 고취시켰던 목회자들은 공산주의자들에게 붙잡혀 박해 받아 순교할 수밖에 없었습니다.

한국 장로교회가 1912년에 총회창립 기념사업으로 만주 선교를 시작한 이후 1933년에는 북만주 강변에 사는 동포들을 위해 한경희 목사를 파송하게 됩니다. 이때의 만주정세는 매우 혼란스러웠고 더군다나 그 지역은 비적들과 공산주의자들도 많아 그만큼 생명의 위험이 컸습니다. 그곳에 선교사로 가지 말라는 친구들의 권고를 받은 한 목사는 "나라 잃고 해외에 망명하여 슬퍼하는 동포에게 복음을 전하여 새생명을 주고 위로하여 독립정신을 키워주는 만주선교가 나의 사명이다" 라는 말을 남기고 선교현장을 향해 떠났다고 합니다. 그는

1935년 1월 정월 초에 북만주 지역에서 지방교회 순방길을 떠났다가 공산주의자들을 만나게 되었고 그들에 의해 추운 겨울 강물의 얼음 속에 수장되어 순교했습니다.

"천황은 신이 아니외다!" : 신사참배 반대(식민지 시기 후반)

> "다니엘이 이 조서에 왕의 도장이 찍힌 것을 알고도 자기 집에 돌아가서는 윗방에 올라가 예루살렘으로 향한 창문을 열고 전에 하던 대로 하루 세 번씩 무릎을 꿇고 기도하며 그의 하나님께 감사하였더라."(다니엘 6장 10절)

식민지 시기 말기 일본제국주의는 한국교회에 지금까지와는 또 다른 도전을 해 왔습니다. 명치유신 이후 일본은 그들 나라의 제국주의적인 세계침략을 더욱 공고히 하기위해 '천황' 중심의 신정국가(神政國家) 체제를 강화해 왔는데 이런 체제는 일본인 사회에 있는 신사(神社)를 중심으로 이루어졌습니다. 일본인들이 사는 모든 곳에는 그곳이 일본 국내든 아니면 일본이 통치하고 있는 식민지이든 어디든 '신사'가 있어서 일본인들은 그곳을 참배하며 천황을 숭배하고 일본제국주의의 세계침략을 지지해 왔던 것이지요. 그러므로 일본의 신사참배 곧 천황숭배는 제국주의 침략의 확장과 매우 긴밀한 관련을 맺는 것으로서 종교와 정치가 서로 깊이 결탁한 형태라 할 수 있습니다. 일본제국주의는 일본인들이나 식민지 백성들에게 '신사'에 대한 참배를 강제함으로써 군사력을 강화하고 효과적으로 전쟁을 지원할 수 있는 체계를 수립한 셈입니다. 따라서 식민지 백성들에게 이 신사참배는 조국에 대한 일제의 억압을 더욱 긍정하는 반민족적인 행위요 기독교인들에게는 성경 십계명에서 금지하는 '우상숭배'를 국가적 차원에서 강요하는 것입니다.

그러므로 처음부터 민족교회의 양태로 성장해 왔던 한국교회로서는 일제의 신사참배 강요를 종교적인 차원에서나 민족적인 차원에서도 도무지 받아들일 수 없는 거대한 폭력이었습니다. 한국교회는 처음부터 신사참배를 반대해 왔습니다. 그렇지만 자신들의 세계 침략야욕을 더욱 노골화며 구체적으로 확산시키고 있는 일제로서는 한국교회의 반(反)제국주의적인 행동을 묵과할 수 없었습니다. 이제 조직적인 박해가 시작되었습니다. 먼저 한국교회의 각 교단들을 일제의 정치종교체제에 굴복시켰습니다. 그 최종판은 한국장로교단이 1938년 가을총회 때에 신사참배를 정당한 것으로 인정하게 한 것이라 할 수 있습니다. 이후 일본제국주의는 사회 곳곳에 뿐만 아니라 한국인들의 각 가정에까지 가정용 신사를 짓고 그것에 매일 참배하도록 했습니다. 이런 정책은 한국인들이 일본 제국주의의 폭력과 우상을 자신들의 삶의 모든 영역에 수용할 수밖에 없도록 하려는 것이었습니다. 이런 방식으로 일본제국주의는 한국인들의 삶을 통제하고 그들의 전쟁에 동원했던 것입니다.

반면에 일제의 신사참배 강요에 개인적으로 저항한 경우는 매우 많습니다. 사실 드러나지 않은 경우도 많이 있겠습니다만 주기철 목사의 순교는 오늘날까지 한국교회에 순교신앙의 본이 되고 있습니다. 특히 그가 남긴 최후의 유언설교인 '5종목의 나의 기원'은 한국교회 순교 영성의 모형을 제공합니다. 그 다섯 가지 큰 주제(종목)들만 소개하면 이렇습니다.

1. 죽음의 권세를 이기게 하여 주십시오.
2. 장기의 고난을 견디게 하여 주십시오.
3. 노모와 처자와 교우를 주님께 부탁합니다.
4. 의에 살고 의에 죽게 하여 주시옵소서.
5. 내 영혼을 주님께 부탁합니다.

"원수를 자녀로!" : 신앙과 이념(한국전쟁 시기)

> "그러나 너희 듣는 자에게 내가 이르노니 너희 원수를 사랑하며 너희를 미워하는 자를 선대하며 너희를 저주하는 자를 위하여 축복하며 너희를 모욕하는 자를 위하여 기도하라."(누가복음 6장 2728절)

1945년 8월 15일 한국은 일제의 식민지 통치에서 해방되었으나 곧바로 38도 선을 중심으로 남과 북으로 분단되었습니다. 해방의 날이 곧 분단의 날이 된 것입니다. 분단과 이후 5년 후 이 땅에서 벌어졌던 한국전쟁은 남이든 북이든 모든 한국인들에게 큰 상처를 안겨주었습니다. 해방 되었을 때 한국교회는 우리나라가 앞으로 어떤 나라로 새롭게 건설되어야 할 것인지에 많은 관심이 있었습니다. 그 까닭은 이제야 비로소 우리 민족이 주체적으로 제대로 된 나라를 건설할 수 있겠고 또 반드시 그래야 한다고 믿었기 때문입니다. 그리고 그 새 나라는 꼭 하나님의 말씀에 기초한 기독교 국가가 되어야 한다고 생각했습니다. 한국의 기독교인들이라면 누구나 당연히 그런 뜻을 품을 만도 하지 않겠습니까? 그러나 분명히 생각을 달리한 민족의 구성원들도 많이 있었습니다. 모두가 그리스도인일 수는 없으니까요. 기독교인들의 생각과 가장 극단적으로 대립하는 민족 구성원들은 좌익계통의 사람들 즉 사회주의자들이나 공산주의자들이었습니다. 그리고 더 나아가 1945년 이후 해방과 분단의 시기를 보내면서 남한과 북한 사회 곳곳에서 벌어진 이념투쟁에서 기독교인들 역시 자유롭지 못하게 되고 한국교회는 우파의 상징으로 공산주의자는 좌파의 상징으로 굳어져 갔습니다. 이것은 그만큼 한국교회와 공산주의가 극단의 정치투쟁의 소용돌이에 휘말려 들어가고 있었다는 뜻입니다. 그러나 그 당시 한국교회는 이런 정치투쟁의 소용돌이가 한국교회와 이 민족에게 얼마나 큰 상처를 안겨줄 것인지 미처 알아차리지 못하고 있었습니다. 서로 이루고자 하는 희망의 목표가 다른 민족 구성원들 사이의 투쟁은 전쟁이라는 재앙을 피할 수 없게 만들었습니다. 그리고 이 재앙은 서로 이념이 다른 구성원들과의 '공존'(共存)을 용납할 수 없는 민족적 정서를 낳았습니다.

이 시기 공산주의자들에 의한 기독교인들의 죽음을 모두 순교로 볼 수 있느냐 하는 문제가 있습니다. 순교는 이념투쟁과는 상관이 없는 것이기 때문입니다. 일단 순교란 신앙의 본질과 관련되어 있다고 할 때 한국교회는 이 시기 가장 훌륭한 순교자를 만나게 됩니다. 그는 곧 한국교회사에서 '사랑의 원자탄'으로 불리워지는 손양원 목사입니다. 이미 앞서의 글들에서 손양원 목사에 대한 다른 각도의 언급이 있었습니다만 손양원 목사는 한국교회의 순교자의 반열에서도 매우 두드러진 인물입니다. 그는 자신의 사랑하는 두 아들을 죽인 '원수'인 공산주의자를 찾아내어 자신의 '아들'로 삼았습니다. 그는 이미 일제 식민지 말기 신사참배 반대로 옥고를 치루기도 했었습니다. 손양원 목사는 신앙고백의 내용과 그 내용을 사회속에서 구체적으로 실천하는 차원 모두를 가진 한국교회의 뛰어난 '순교 영성'을 우리에게 남겨 주었습니다. 그가 두 아들들을 장례하는 자리에서 드린 감사기도는 한국교회 순교영성의 결정판이라 할 수 있습니다. 모두 10개의 주제로 된 감사기도 중 몇 가지를 옮겨봅니다.

> "첫째 나 같은 죄인의 혈통에서 순교의 자식이 나게 하셨으니 감사합니다. 다섯째 예수 믿다가 와석종신하는 것도 큰 복이라 하거든 하물며 기도하다 총살 순교 당함이리요. 감사합니다. 일곱째 나의 사랑하는 두 아들 총살한 원수를 회개시켜 내 아들 삼고자 하는 사랑하는 마음 주신 하나님께 감사합니다. 여덟째 내 두 아들의 순교의 열매로 말미암아 무수 천국의 아들들이 생긴 것이 믿어지니 우리 아버지 하나님께 감사합니다. 끝으로 오 주여 나에게 분수에 넘치는 과분 큰 복을 주신 하나님께 감사하며 영광 돌려 마지 않나이다."

계속 이어지는 순교 영성

> "너는 장차 받을 고난을 두려워하지 말라 볼지어다 마귀가 장차 너희 가운데에서 몇 사람을 옥에 던져 시험을 받게 하리니 너희가 십 일 동안 환난을 받으리라 네가 죽도록 충성하라 그리하면 내가 생명의 관을 네게 주리라." (계시록 2장 10절)

이상과 같은 한국교회 역사 속의 순교자 영성은 이후 한국의 역사를 통해 계속 되살아 나고 있습니다. 한국전쟁이후 한국사회는 오랫동안 독재를 경험해 왔습니다. 이승만(1948-1961통치)으로부터 시작된 독재정치는 박정희(1962-1979 통치) 전두환(1980-1987 통치) 노태우(1988-1992 통치)로 이어지는 군사독재를 거치며 한국 사회를 큰 폭력 속에 몰아넣어 왔습니다. 자유와 인권과 평화 그리고 평등이라는 인류 보편적 가치가 독재정권 아래에서 무참히 짓밟혔던 것입니다. 이때 한국 교회는 순교자들의 정신을 되살려 진리와 생명 자유와 평화 그리고 정의를 지켜 내려 애썼습니다.

이런 정신들을 한국 교회는 한국사회의 양심적 지성인들 및 민중들과 연대하여 민주화 운동이라는 틀 속에서 함께 추구해 오기도 했습니다. 1980년대 이후 한국교회는 북한의 공산주의자들을 원수로 미워하고 적대시해 왔던 그동안의 태도를 회개하고 그들을 형제로 인식하는데 앞장서며 민족의 화해와 협력을 끊임없이 추구하고 있습니다. 순교자들의 영성을 한마디로 표현한다면 이 땅의 '생명'을 살리고 죽음의 세력을 거부하는 것입니다.

오늘날 한국의 모든 기독교인들은 그들이 속한 교회의 규모에 상관없이 신학의 진보나 보수에 상관없이 순교자들의 정신을 되새기며 순교자들이 살았던 장소나 목회했던 교회를 성지로 여겨 지속적으로 방문하고 있습니다. 이것은 바로 순교자들의 신앙이 한국 교회에 계속 살아 있다는 증거입니다.

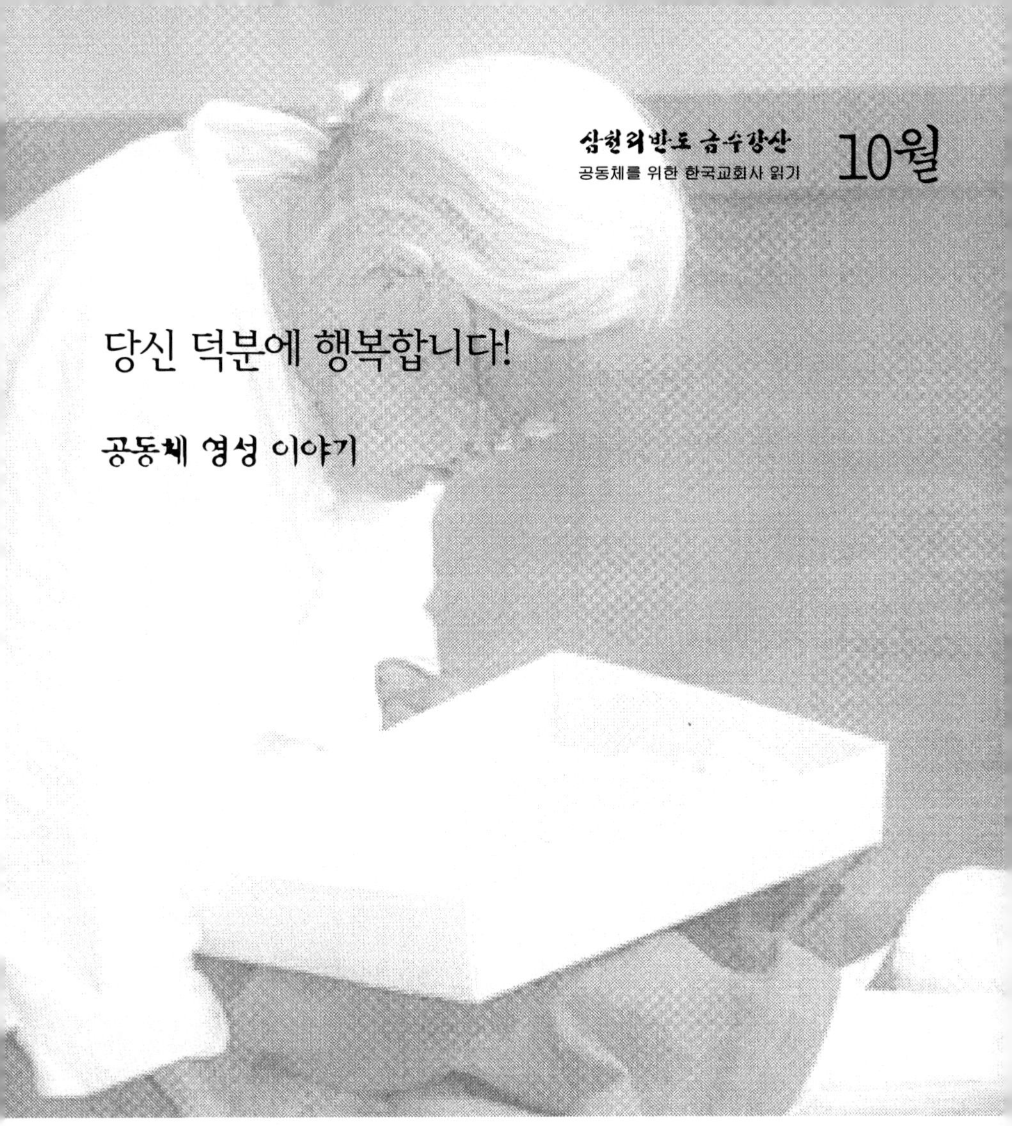

당신 덕분에 행복합니다!

공동체 영성 이야기

한국교회의 공동체 영성은 어느 유명한 신학자나 목회자에 의해 시작되지 않았습니다. 그렇다고 해서 의식 있는 지식인 평신도에 의해 시작된 것도 아닙니다. 한국교회의 공동체 영성은 젊은 날 남의 집에서 머슴살이나 했던 일자 무식쟁이 한 시골 남자의 영성에서 비롯되었습니다. 그는 이세종(1880~1942)이라는 사람입니다.

'교회 다니는 사람 손들어!' – 교회의 원형을 찾아서

"그들이 사도의 가르침을 받아 서로 교제하고 떡을 떼며 오로지 기도하기를 힘쓰니라."(사도행전 2장 42절)

옛 초등학교 시절에 새 학년이 시작되면 담임선생님이 학생들에게 여러 가지를 조사하곤 했었습니다. 식구 수가 몇 명인지, 논이나 밭이 몇 마지기인지 등을 물었는데, 이 조사에서 꼭 빠지지 않는 것이 종교가 무엇이냐는 것이었습니다. 선생님이 학생들에게 물었습니다. '교회 다니는 사람 손들어!', '절에 다니는 사람 손들어!' 그 당시만 해도 제가 사는 지역에는 절에 다니는 아이들이 절대적으로 많아서 교회 다닌다고 손든 소수의 아이들은 곧잘 놀림 당하곤 했습니다. 한두 번 그런 놀림을 당하면, 다음번엔 선생님이 교회 다니는 사람 손들라고 했을 때 안다닌 척 손을 들지 않거나, 들었는지 안 들었는지 애매한 태도를 취하게 됩니다. 그럴 때면 이번엔 같은 교회 다니는 아이들이 면박을 주거나 부모님에게 일러바치고, 심지어는 주일날 교회에서 소문을 내는 바람에 더 큰 봉변을 당하곤 했습니다.

이런 일들은 어렸을 때부터 교회를 다녔던 대부분의 기독교인들에게는 성장하는 과정에서 있었던 추억 아닌 추억으로 남아 있습니다.

그런데 요즘도 드러내놓고 교회 다닌다고 하기엔 참 부담스러운 세상입니다. 이젠 더 이상 다수에 의해 소수가 놀림을 당했던 그때의 한국교회가 아닙니다. 한국교회가 우리 사회에서 큰 힘을 가진 다수가 되어 있음에도 불구하고, 온갖 비난과 조롱을 당하기는 여전합니다. 왜 그럴까요? 여러 가지 이유가 있겠지만, 여기에서 그 이유들을 일일이 다 열거할 필요는 없을 것입니다. 우리는 다 알고 있으니까요. 모든 이유들을 한 마디로 표현하자면, '한국교회가 개혁(또는 갱신)되어야 한다'고 하면 되지 않겠습니까? 그렇다면 그 '개혁(갱신)'이란 도대체 무엇이며, 어디에 근거하는 것일까요? 그런 개혁 운동하는 교회가 있나요? 이런 문제들을 생각해 보는 것이 이번 주제의 내용입니다.

우리는 교회의 개혁(또는 갱신) 문제들을 고민할 때면 늘 사도행전에 나오는 '초대교회'에 대해 이야기 합니다. '우리 교회가 초대교회처럼 되어야 한다' 거나 '초대교회 때는 이러지 않았다', 또는 '우리 교회는 초대교회와 같은 영적 부흥이 일어나고 있다' 는 말 등이 그것입니다. 이런 말들은 기독교 역사 속에 나타난 교회의 원형(Canon, 정경, 표준)이 '초대교회'라는 뜻입니다. 이것을 교회사에서는 '사도적 교회'(Apostolic Church)라고 부릅니다. 여기에서 '사도적 교회'란, 예수님을 따라 다니며 예수님의 말씀(가르침)을 직접 듣고, 예수님의 삶(십자가와 부활이 핵심)을 직접 목격한 사도들이 세운 교회를 말합니다. 예수님의 삶과 가르침을 직접 보고 들은 사도들이 세운 교회이기에 역사 속의 모든 교회들의 '모범', '원형', '표준', '정경'이 된다는 뜻입니다. 당연하지 않겠습니까? 그래서 사도들이 세운교회를 '사도적 교회'라 하듯이 사도들이 가르치신 신앙내용을 '사도적 신앙'(Apostolic Faith),

사도들로부터 이어져 내려오는 교회 안의 여러 가지 제도들 즉 직제를 '사도적 전통들'(Apostolic traditions), 사도들께서 처음 성도들에게 보여주신 삶을 '사도적 삶'(Apostolic Life)이라 하고, 이 모든 것을 통틀어 '사도전승'(Apostolic Tradition)이라 합니다. 그러므로 우리가 '초대교회로 돌아가자' 거나 '초대교회를 본받자' 라고 할 경우, 그 말을 보다 적절히 표현하자면, 처음 사도들이 처음 성도들과 함께 섬겼던 '사도적 교회'의 모든 내용들, 즉 사도적 신앙, 사도적 전통들, 사도적 삶을 회복하자 또는 본받자는 뜻이 됩니다. 이런 이야기는 기독교 역사에서 개혁자들이 늘 부르짖었던 내용이기도 합니다. 우리 주변에 초대교회에 대한 이야기가 많이 들린다면 그만큼 우리에게 개혁이 필요하다는 뜻으로 여겨도 될 것입니다.

그렇다면 그 처음 '사도적 교회들'(초대교회들)이 이 땅에서 추구하며 이루려고 했던 구체적인 목표는 무엇이었을까요? 그것은 바로 '땅위에 있는 하나님의 나라'(눅 9:27)였습니다. 이 '나라'는 주님께서 가르치신 내용이요, 세례요한이 앞서 선포했던 내용이기도 합니다. 세례요한과 예수님이 하신 첫 말씀이 두 분 다 , "회개하여라, 하늘나라가 가까이 왔다."(마 3:2, 4:17)는 것이었고, 주님께서 제자들에게 가르치신 기도에는 "나라가 임하시오며 뜻이 하늘에서 이루어진 것 같이 땅에서도 이루어지이다." 하는 내용이 들어 있습니다. 이 말씀은 교회가 역사 속에서 구체적인 모습을 갖게 하는 기준이었습니다. 그뿐만 아니라, 이 말씀은 교회가 역사 속에 존재하면서 역사의 흐름에 따라 새로운 모습들을 갖게 되지만, 변해서는 안 될 본질적인 부분과 시대에 따라 그 시대의 흐름에 부응하여 변해야 할 부분이 있음을 일컫는 말이 되기도 합니다. 예를 들어 사도행전 2장 42절에서 47절에 나오는 말씀은 초대교회가 이 땅에서 어떤 식으로 하나님의 나라를 추구하며 이루어 갔는지를 보여주는 좋은 실례가 됩니다.

그렇다면 기독교 2천년의 역사 속 교회들은 어떻게 교회의 원형인 '사도적 교회'(초대교회)의 내용을 지키며 후대에게 전해 주었을까요? 이번 달 주제와 관련해 볼 때, 이는 크게 두 가지 흐름이 있습니다. '수도원 운동'과 '공동체 운동'입니다. 먼저 수도원 운동은, 4세기 콘스탄틴 황제 이후의 중세 로마 가톨릭교회가 세속 제국의 가치에 올인 하게 되자, 속세를 떠나 초대교회의 신앙(사도적 신앙) 을 지켜내려 했던 운동입이다. '공동체 운동'은 주로 종교개혁 이후의 개신교가 세속 자본주의의 가치에 올인 하게 되자, 세속의 가치와 일정한 거리를 두면서 초대교회의 삶을 지켜내려 했던 운동입니다. 이 두 운동의 공통된 특징은 무엇일까요?

첫째, 속모습으로, '하나님의 나라'를 이야기하고, 그들 자신만의 신앙고백이 있으며, 독특한 영성을 소유하고 있습니다. 둘째, 겉모습으로, 제한된 공간 안에서 더불어 사는 삶을 중요하게 생각하며, 더불어 사는데 필요한 '규칙'들이 있습니다. 흔히 이 두 운동 중에, 수도원 운동은 로마 가톨릭 전통이고, 공동체 운동은 개신교 전통이라고 말하기도 합니다. 그러나 오늘날 이 두 운동은 서로 유기적으로 연결되어 있고, 영성 차원에서 많은 부분들을 서로 나누어 갖고 있습니다. 그러므로 우리는 교회의 개혁 또는 갱신을 말하고자 할 때면, 교회 역사 속의 수도원 운동이나 공동체 운동을 잘 살펴보면 그 실마리를 얻을 수 있습니다. 그런 의미에서 이제 한국교회사에 나타난 공동체 운동을 소개하려 합니다.

"예수 믿어야 산당께!" – 토착 영성가 이세종

> "하나님이 세상을 이 처럼 사랑하사 독생자를 주셨으니 이는 그를 믿는 자마다 멸망하지 않고 영생을 얻게 하려 하심이라."(요한복음 3장 16절)

한국교회의 공동체 영성은 어느 유명한 신학자나 목회자에 의해 시작되지 않았습니다. 그렇다고 해서 의식 있는 지식인 평신도에 의해 시작된 것도 아닙니다. 한국교회의 공동체 영성은 젊은 날 남의 집에서 머슴살이나 했던 일자 무식쟁이 한 시골 남자의 영성에서 비롯되었습니다. 그는 이세종(1880~1942)이라는 사람입니다. 이세종은 1880년 전남 화순군 도암면 등광리 천태산 기슭에서 태어났습니다. 일찍 부모를 여의었던 그는 배움도 없이 가난하게 살다 28세 되던 해에 남의 머슴살이를 하게 됩니다. 힘과 뚝심으로 억척스럽게 일한 그는 10여년 만에 마을에서 제일가는 부자가 되었으나, 자식이 없어 낙담이 된 나머지 40세의 나이에 병으로 몸져눕게 되었고, 오로지 죽을 날만 기다리는 신세가 되었습니다.

그러던 어느 날 그가 사는 마을에 어떤 귀신들린 여자 하나가 나타나서 "예수 믿어야 산당께! 예수 믿어야 살아!" 하고 크게 외치며 지나갔습니다. 죽을 날만 기다리던 그에게 그 말은 하늘의 소리로 들렸고, 이후 글을 배우며 성경을 읽기 시작했습니다. 아무도 가르쳐 주는 선생이 없었지만 그는 제대로 된 기독교인이 되었습니다. 이세종은 깨달음을 철저히 실천에 옮겼습니다. 철저한 회개를 통해 그가 잘못했던 사람들에게 일일이 찾아가 정리했고, 자신에게 빚진 사람들의 빚을 다 탕감해 주었으며, 자신이 땀 흘려 모은 모든 재산을 가난한 사람 구제에 써 달라며 면사무소에 몽땅 바쳤습니다. 그는 밤이면 성경을 암송하고 낮에는 인근 마을의 처녀 총각들을 모아다가 성경을 가르쳤습니다. 그의 삶의 유일한 표준은 성경이었습니다. 그에게 성경을 배우기 위해 성경학교 학생들, 전도사와 목회자들, 심지어는 산에서 도를 닦던 도인들까지 모여 들었습니다.

이세종은 그들에게 성경공부를 할 때마다, "파라 파라 깊이 파라. 얕게 파면 너 죽는다. 뿌리도 깊이 팔수록 좋다. 좁은 길이다. 깊이 파고 깊이 깨닫고 깊이 믿으라. 어설프게 파면 의심 밖에 나는 것이 없다."고 강조했습니다. 어느 날 제자 중 한 사람이 '어떻게 하면 예수를 잘 믿을 수 있을지' 물으니, 그는 즉시 "빌어먹으라!"고 했는데, 이는 거지가 되라는 뜻이었습니다. 실제로 이세종은 스스로 거지의 삶을 살았습니다. 먹는 것, 입는 것, 사는 것 모두를! 그는 예수 믿지 않는 사람들을 생각하며 거리를 걸을 때마다 울었고, 산천초목과 모든 짐승 벌레들까지 사랑했습니다. 이세종은 청빈의 길, 사랑의 길, 순결의 길, 초월의 길, 고난의 길을 통해 예수를 따르는 삶을 살았습니다.

우리는 '예수쟁이' 이세종의 삶에서 한국교회 토착 영성의 큰 맥을 발견하게 됩니다. 그가 그리스도인이 되어 과는 과정은 한국초기 '자생적 신앙공동체'들의 과정과 똑 같습니다. "예수 믿어야 산다"는 그 실존적 절박함에서, 배움 없는 일자 무식쟁이가 글을 깨우치며 성경을 읽어 그 속에서 모든 기독교의 진리를 발견한 것이며, 철저한 회개를 통해 거듭난 삶의 길을 걷는 것, 이 모든 것이 그대로 '한국적'입니다. 우리는 이미 1907년 신앙대부흥운동도 바로 그 전통을 따른 것임을 알고 있습니다. 이세종은 가장 철저하고 강력하게 한국교회의 토착 영성의 맥을 이어가고 있습니다.

그뿐만 아니라 이세종에게서는 세계교회의 영성사에서 발견되는 큰 흐름도 있습니다. 성 프란체스코의 탁발수도와 청빈 및 모든 피조세계와도 통하는 영성 등이 그렇습니다. 물론 이세종은 성 프란체스코도 잘 몰랐을 것입니다. 이세종은 한국교회와 세계교회의 영성이 내면화되어 있는, 한국이 낳은 세계적 영성가라고 불릴 수 있습니다. 그러므로 이세종의 영성은 이후 한국교회 공동체 영성의 뿌리일 뿐만 아니라, 그 바람직한 방향성을 제시하는 원형의 역할을 하고 있습니다.

"당신 덕분에 행복합니다." – 동광원

> "하나님 앞에서 정결하고 더러움이 없는 경건은 곧 고아와 과부를 그 환난 중에 돌보고 또 자기를 지켜 세속에 물들지 아니하는 그것이니라."(야고보서 1장 27절)

토착 영성가 이세종의 삶을 더욱 철저하게 살아내고, 그 삶을 개인의 영성에서 공동체 삶과 영성으로 승화시킨 사람이 있습니다. 그는 이세종의 수제자였던 '맨발의 성자' 이현필 선생입니다. 이현필

(1913-1964)은 이세종의 모든 가르침과 전기까지 정리하여 '우리의 거울'이라는 글을 쓰기도 하였습니다. 이세종은 살아있을 때, "내가 많은 사람과 이야기를 해 봤지만 내 말을 가장 빨리 이해하는 사람은 이현필 뿐이다."라고 했습니다. 이현필은 그의 나이 25세에 이세종을 따르기 시작하여 30세가 되는 1943년부터 전라북도 남원지역의 지리산 자락 일대와 섬진강을 따라 수도생활을 하며 10여명의 소년 소녀들을 제자로 모아 성경을 가르치고 훈련하였습니다. 이 교육은 경건생활과 노동이 엄격히 결부된 것으로 이후 이루어질 한국 최초 기독교 공동체의 전 단계였습니다.

해방이후 1947년 9월 6일에 이현필 선생의 가르침에 따라 드디어 공동체 생활이 시작되었습니다. 이 공동체는 이웃에 대한 비계산적 무차별적 사랑의 실천이라는 이현필의 사상에 기초하고 있습니다. 물론 이 사상은 이세종에게서 물려받은 이현필의 '예수 십자가 사랑'이 삶의 구체적 실천으로 나타난 것입니다. 이후 이 공동체는 1949년부터는 '여순 반란사건'으로 생겨난 고아들과 떠도는 사람들을 모아 고아원을 시작하는데, 한국전쟁을 거치며 '동광원'으로 발전하였고, 동광원은 오늘날까지 이현필 선생이 시작한 공동체 운동의 중심지가 되었습니다.

동광원은 지금까지 이현필 선생의 삶에 따라 '주의 사랑에 붙들린' 그의 제자들이 버림받은 이웃, 고아, 걸인, 나그네들을 고난 가운데 사랑으로 돌보는 수도 공동체의 삶을 살고 있습니다. 위에서 인용한 야고보서 1장 27절은 동광원 영성의 기초입니다. 여기에다 "한 분이신 하나님께 돌아가자. 한 맘으로 살자. 하룻밤씩 재워 보내자." 는 이현필 선생의 가르침이 오늘날까지 그 제자들의 삶에 배어 있습니다. 이현필 선생이 남원에서 가르침을 베풀 무렵, 당시 남원읍내 교회에 다니던 김금남이라는 17세 처녀는 앞날에 대한 고민을 하다가, "너는 이 세대를 본받지 말고, 하나님의 거룩한 산 제물로 살아라."(롬1 2:1)는 영음을 들었습니다. 당시 이미 결혼기에 접어든 그녀는, '그렇다면 어떻게 이 길을 갈 것인가?' '누가 이런 길을 갔는가?' '이 길을 가르쳐 줄 지도자를 만나야겠는데…' 하는 계속된 고민에 빠졌습니다. 그러던 차에 먼저 이현필 선생의 가르침을 받고 있던 그녀의 어머니를 따라 이현필 선생 제자의 길로 들어서게 되었습니다. 이후 동광원의 첫 수녀가 된 김금남 처녀는 현재 81세의 연로한 나이로 동광원의 원장이 되어 이현필 선생의 길을 따르고 있습니다. 그녀는 이현필 선생의 삶이 그리워 찾아오는 순례객들에게 그분에 대해 이렇게 증언합니다.

> "선생님이 보여주신 것에 힘을 얻어 우리는 지금껏 어려움을 이기고 살았습니다. 그분 앞에만 있으면 마음이 부자가 되고 평안하고 하늘입니다. 이것이 천국이었습니다. 전부 내려놓으셨던 분이십니다! 그분과 함께라면 참 평안합니다. 그분 앞에 오면 꼭 하나님 앞에 온 기분이 평생이었습니다. 선생님은 늘 배가 고프시니 음성이 크지 않으셨습니다. 들릴 듯 말 듯 한 그분의 말씀이 모두의 마음에 그냥 꽂혔습니다. 말씀대로 사셨기에 하시는 말씀이 힘이 있으셨습니다."

그래서인지 남원 동광원에 가면 이현필 선생을 기리는 장소 앞에 "당신 덕분에 행복합니다." 하는 작은 돌비가 세워져 있습니다. 그

행복은 비단 동광원 식구들만이 아니라, 그를 생각하는 사람이라면 누구나 다 나누어 가질 수 있는, 주님 주신 은총이 되어 있습니다. 김금남 원장은 길을 떠나는 순례객들에게 이런 말을 남기곤 합니다.

> "하나님께서 주시는 사명은 다 다르니까 주시는 사명대로 살아가세요. 말씀대로 사는 것이 희망이 있는 거예요. 젊을 때는 고민이 많았으나 시간이 지날수록 고민보다 희망이 더욱 샘솟아요. 하나님은 우리를 눈동자와 같이 지켜주세요. 그것을 날마다 느끼며 살고 있어요. 이곳의 사람들은 서로 다 섬기려고만 해요. 그래서 참 행복합니다."

동광원에 사는 이현필 선생의 제자들은 한국교회의 토착 영성 뿐만 아니라 공동체의 영성을 가장 잘 지켜내고 있음에 분명합니다. 한국교회는 그들에게 이렇게 말해야 할지도 모르겠습니다. '당신들 덕분에 행복합니다!'라고….

노동하는 것이 기도요, 기도하는 것이 노동인 사람들!

공동체 운동 이야기(1)

수도 공동체는 한국교회의 영성에 매우 큰 영향을 끼치고 있습니다. 특히 수도 공동체는 기도를 매우 중요한 삶의 요소로 여기는데, 이는 한국교회의 중요한 유산인 '기도운동'과 한 흐름에 있다고 할 수 있습니다.

'교회가 공동체이고, 공동체가 교회이다!'

"그리스도 예수의 종 바울과 디모데는 그리스도 예수 안에서 빌립보에 사는 모든 성도와 또한 감독들과 집사들에게 편지하노니, 하나님 우리 아버지와 주 예수 그리스도로부터 은혜와 평강이 너희에게 있을지어다."(빌립보서 1장 1,2절)

공동체에 관한 글을 시작하려면 우선은 '공동체'라는 말이 뜻하는 그 의미를 더욱 명확하게 해야겠습니다. '공동체'라는 말은 가만 주의를 기울여 보면 흔히 듣는 언어입니다. '민족 공동체'라는 말도 있고, '지역사회 공동체'라는 말도 들리며, 또는 '공동체 놀이', '공동체 훈련'이라는 말도 쉽게 들을 수 있고, 학자들 가운데는 '공동체주의'를 말하는 분도 있습니다. '공동체'라는 말은 이제 일반 사회에서도 보편화되어 있습니다. 특히 '대안 운동' 하는 사람들에게 '공동체 의식'이란 말은 매우 중요한 개념으로 자리 잡았습니다. 사실 '공동체'라는 말은, 가만 생각해 보면 그리 낯선 말은 아니라는 거지요. 우리 기독교인들은 교회를 공동체로 부르면서 '교회공동체'라는 말을 쓰기도 합니다. 이래저래 사용하게 되는 '공동체'라는 말이 사실은 성서에서 유래되었으며 교회의 역사 안에서 널리 쓰여 왔습니다. 그래서 '교회 공동체'라는 말은 이미 교회 일반에 널리 보편화 되어 있는 개념입니다. 신약성경이나 초대교회에서 '교회는 공동체요, 공동체가 곧 교회'인 것입니다. 그러나 오늘 우리들의 교회가 교회 안에서 '공동체'라는 말을 쓸 때는, '그 의미가 무엇인가' 하는 점에 있어서 저마다 그 이해의 정도가 다 다릅니다. 그저 '초대교회처럼 그렇게 은혜롭게 함께 기도해 주며 가난한 사람 없도록 서로 돕고 살아야 되는 것 아닌가' 하는 뜻에서 '공동체'를 이해하는 경우가 대부분이라는 생각이 듭니다. 그러므로 우선 '교회가 공동체요, 공동체가 교회' 라는 그 말의 본뜻을 헤아리며 이야기를 풀어가겠습니다.

'초대 교회(사도적 교회)'는 다음과 같은 고백들을 교회론의 신학적 기초로 삼고 있었습니다. 교회는 성령을 통해 이 땅에 실재(實在)하시는 '그리스도의 몸'입니다. 교회는 '그리스도의 몸'이 갖는 (성서적, 신학적) 의미를 이 땅에서 구체화하고 실현시키려는 사명으로 살아가는데, 그 목표는 '이 땅의 하나님 나라'입니다. 그리고 교회가 이 땅의 하나님 나라 삶을 살아가며 그 지체들 사이에 맺는 관계구조는 '코이노니아'이며, 이 '코이노니아'를 구체적으로 실현하며 사는 것이 하나님 나라의 삶의 내용입니다.

그런데 이 '코이노니아'는 다른 말로 표현하면, '성령 안에서의 공동체적 삶'인데, 이는 세 차원의 공동체적 삶을 가지고 있습니다. 첫째는 하나님과 인간 사이에 이루어지는 공동체적 삶이요, 둘째는 인간과 인간 사이에 이루어지는 공동체적 삶이며, 셋째는 하나님이 지으신 피조세계와 인간 사이에 이루어지는 공동체적 삶입니다. 따라서 교회는, 이 세 차원의 삶이 성령 안에서 공동체적으로 이루어지고, 그런 삶을 이 땅에서 지향하는 삶을 하나님의 나라로 규정합니다. 이런 뜻 안에서 '교회는 공동체이며 공동체는 교회'라는 말을 사용해 왔습니다. 그러므로 이 글에서 '공동체 운동'의 범주에 들어오는 교회(또는 공동체)들은 이상의 교회론을 매우 강조하며, 실제의 삶에서 끊임없이 고백하고 있습니다. '공동체성'을 강조하는 교회라고 다 '공동체 운동'의 범주에 넣을 수는 없다는 말이지요. 그래서 이 글에서는 공동체 운동의 범주에 들어가는 교회를 '공동체 교회'라 부르겠습니다.

오늘 우리들의 교회는 대개 '개인의 축복받는 삶'이 항상 중요한 가치이며, 신앙생활의 궁극적 목표로 자리 잡는 경우가 많습니다. 대부분의 교회들이 자본주의 사회의 가치관을 적극 수용하여 그것을 '기독교적'(?)으로 극대화 시키는 것을 매우 중요하게 생각합니다. 반면에 '공동체 교회'는 '공동체 상호간의 더불어 삶과 나눔'이 중요한 가치로 자리 잡고 있습니다. 따라서 공동체 교회가 추구하는 가치들은 자본주의 사회의 가치관과 충돌하는 부분이 매우 많아서, 공동체 교회의 '지체들'은 자본주의 사회가 안고 있는 비복음적인 한계를 극복하려는 의식이 매우 강합니다. 그러다 보니 공동체 운동들은 교회 안에서나 사회에서 하나의 중요한 '대안 운동'의 흐름을 형성하기도 합니다. '대안 목회', '대안 교육', '대안 경제', '대안 문화', '대안 복지' 등은 공동체 교회들의 중요한 화두입니다. 사실 일반 교회와 공동체 교회 사이에 서로 구별하기 힘든 부분도 있습니다. 모든 교회들이 '공동체성'을 매우 중요하게 생각하기 때문에 '공동체 교회'라고 해서 특별히 달라 보일 것도 없고, 오히려 '공동체 교회'가 '유별나고 사이비 이단인 것처럼 보이는 교회'로 오해되기도 합니다. 그러나 앞서 언급한 대로, 공동체 교회는 일반 교회들에 비해 '그리스도의 몸'으로서의 교회에 대한 인식이 확실하고, 코이노니아의 세 차원의 삶이 뚜렷하며, '개인의 삶'도 중요하지만 '공동체'가 함께 이루어가는 '하나님의 나라'의 삶에 우선 가치를 두고 있습니다.

한국의 기독교 공동체 운동은 크게 세 유형으로 전개 되고 있습니다. 이제 그 유형들을 설명하며 그 대표적인 공동체들을 소개하도록 하겠습니다.

"노동하는 것이 기도요, 기도하는 것이 노동이다."
– 수도 공동체–

> "내 말과 내 전도함이 설득력 있는 지혜의 말로 하지 아니하고, 다만 성령의 나타나심과 능력으로 하여 너희 믿음이 사람의 지혜에 있지 아니하고, 다만 하나님의 능력에 있게 하려 하였노라."(고린도전서 2장 4,5절)

한국 기독교 공동체 운동의 첫 유형은 '수도 공동체'입니다. 이미 그 말에서 풍기듯, 중세 가톨릭교회의 수도원 전통과 이상(理想)을 개신교화 한 것으로 볼 수 있습니다. 그러나 지난달에 보았듯이 이세종 선생과 이현필 선생의 삶을 따르는 '동광원'은, 그런 가톨릭 전통과는 상관없는 한국 토종의 수도 공동체라 할 수 있습니다. 사실 한국의 첫 개신교 수도 공동체로서 1947년에 세워진 동광원은 그동안 너무 오랫동안 대부분의 한국교회에 잊혀져있었고, 때로는 이단취급 받기도 했었습니다. 다소 늦은 감이 있지만, 지금은 뜻있는 사람들에 의해 동광원에 관한 이런 저런 글들이 많이 생산되고 있습니다.

두 번째의 수도 공동체는 이미 한국교회뿐만 아니라 일반 사회에까지 널리 알려진 '예수원'입니다. 홈페이지에 잘 소개되어 있습니다만, 설립목적에 관련한 글을 그대로 옮겨봅니다.

> 예수원은 대천덕 신부님 가족과 성미가엘신학교(지금의 성공회신대) 학생들, 그리고 항동교회 신자들과 건축노동자로서 함께 일하던 형제자매들에 의해 1965년에 설립되었습니다. 이들이 하나님의 인도하심에 따라 강원도 산골짜기에,5 예수원 공동체를 세우게 된 첫 번째 목적은, 노동과 기도의 삶을 영위하며, 기도의 실제적인 능력 여부를 시험해 보는 실험실을 제공하기 위함이었습니다.
>
> 두 번째 목적은 '신자생활의 세 가지 실험'을 위한 것으로, 이 세 가지 실험이란;
>
> ① 하나님과 개인의 인격적인 관계
> ② 기독교 공동체 안에서의 신자 상호간의 관계
> ③ 기독교 공동체와 비기독교적 사회와의 관계를 실험하고 검증하며 연구해 보는 것을 의미합니다.
>
> 이 세 가지 실험은 '기도'와 '코이노니아'와 '선교'의 세 영역으로 설명할 수 있는데, 이것은 하나씩 떼어놓아도 광범위한 문제를 내포하

고 있기 때문에 어느 정도 서로 겹칠 수 있습니다.

마지막 세 번째 목적은 시간이 경과함에 따라 성령의 인도하심에 의해 분명해지고 있는 것으로, 세 가지 실험에서 파생되어지는 사역들 즉, 훈련소, 연구소, 파송소, 보급소, 발력소의 역할을 감당하는 일입니다.

예수원은 그 설립 이후 기독교인이거나 비기독교인이거나 간에 한국교회와 사회에 크고 많은 생각거리들을 던져주었습니다. 삶이 힘든 가난한 사람에게나, 교회의 갱신을 생각하는 사람들, 또한 이 사회의 새로운 '대안'을 찾는 사람들에게 예수원은 분명 큰 희망이었습니다. 또한 동광원이 한국교회에 잊혀 있는 동안 예수원은, 한국교회의 여러 다양한 공동체 운동들이 태어나 열매 맺도록 하는 못자리 역할을 톡톡히 해내었습니다.

예수원 이후 몇몇의 수도 공동체가 1980년을 전후로 그 뿌리를 내리기 시작합니다. 먼저 1979년에 일반 교회 목회자이기도 한 엄두섭 목사는 경기도 포천의 한 산자락 깊숙한 곳에 '은성수도원'이라는 수도 공동체를 세웠습니다. 그는 50년대와 60년대에, 동광원의 이현필 선생을 따랐으며, 후에 이현필의 전기인 <맨발의 성자 이현필 선생>이라는 책을 집필하기도 했습니다. 한국교회에 잊힌 이현필 선생을 소개하며 그때만 해도 우리에게 생소했던 '영성'의 우물을 파 나누어 주었습니다. 그는 홀로 크고 작은 바위투성이의 수도원 터를 고르고 가꾸며, 이 땅의 기독교인들에게 세계 기독교역사 속에 면면히 이어져 내려왔던 수도원의 전통과 영성을 부활시키려 했던 것입니다. 이 은성수도원은 예수원과 함께 한국교회의 공동체 운동에 큰 영향분을 주었지만, 자신의 열매는 맺지 못하고 역사 속으로 사라졌습니다. 그러나 수도원이 있던 자리는 그 뜻을 이은 후학들에 의해 영성 훈련의 모판으로 여태껏 사용되고 있습니다.

1980년 5월 1일에 '한국디아코니아 자매회'가 목포에서 설립되었습니다. 이 공동체는 한국최초의 개신교 여성 수도회이기도 합니다. '자매회'의 홈페이지에는 그들이 공동체를 이루게 된 그 이유를, 예수 그리스도께서 '이 길로' 인도하셨고, "가난과 억압에서 고통 받는 사람들, 그 중에서도 여성들의 편에 서는 것이 예수의 정신이라고 확신하게 되었습니다."라고 고백하고 있습니다. 또한 "'하나님과 재물을 아울러 섬길 수 없다'(마 6:24)는 주님의 말씀을 참 진리로" 받아들여, "날로 팽창해가는 물질주의가 주님께 온 몸을 바치려는 뜻"을 더욱 돈독히 해 주었고, "물질주의에서 해방되어 오직 주님의 뜻에 정진하기 위해 이 길을 선택"했다고도 했습니다. 그들이 함께 더불어 살며 가난한 이웃을 섬기기는 결코 쉽고 평탄하지 않았습니다. 누군가를 섬기는 '일'은 끊임없이 자기 성찰된 '맘'이 없이는 감당하기 힘들었습니다. 그러므로 '일'(事)로 '몸'(體)과 '맘'(心)이 지쳐버리지 않기 위해 그들은 오늘도 그리스도의 '몸 씀'과 '마음 씀'을 묵상합니다.

1985년 충남 공주군에 또 하나의 수도 공동체인 '나실인 수도원'이 설립됩니다. 이미 1978년에, "예수를 믿고 나서 예수를 몰라 울었다"는 한 여성을 중심으로 두 여성이 공동생활을 시작했다가 이때 본격적인 수도 공동체가 건설된 것입니다. 이 수도원은 여성 독신 수도원장을 중심으로 여성 수도사들인 수녀들과 남성 수도사들인 수사들이 있고, 여기에 결혼했고 가정이 있는 수도회 가정 팀이 있습니다. 나름대로 한국사회의 현실에 토착화된 수도 공동체라 할 수 있습니다. 이 공동체는 내부적으로 수도원식 생활을 하는 '신앙공동체'와, 팀별로 나누어 관련된 사업을 하는 '경제공동체'로 분리되어 있습니다. 이 공동체는 "그리스도의 형상을 이루기까지"를 삶의 목표로 살아가고 있습니다. 수도자가 된 지 20년 된 한 수사는, "나의 허물을 형제 자매에게 스스럼없이 이야기할 때 내안에 큰 자유가 온다." 며 공동체 삶을 감사하고 있습니다.

이 외에도 여러 수도 공동체들이 있습니다. 수도만을 위한 공동체는 아니지만 공동체 안에 수도목적의 공동체가 있거나, 기성 일반교회 형태와 수도 목적의 작은 공동체가 혼합되어 있는 공동체 교회도 있습니다. 다일공동체 안에 있는 '다일형제수도회'(2005년)가 전자라면, 보는 시각에 따라 차이가 있겠습니다만, 임영수 목사를 중심으로 설립된 '모새골 공동체'(2003년)는 그 후자라고 할 수 있습니다.

수도 공동체는 한국교회의 영성에 매우 큰 영향을 끼치고 있습니다. 특히 수도 공동체는 기도를 매우 중요한 삶의 요소로 여기는데, 이는 한국교회의 중요한 유산인 '기도운동'과 한 흐름에 있다고 할 수 있습니다.

땅에 있는 하나님의 나라를 사는 사람들!

공동체 운동 이야기(2)

공동체가 공동체 삶을 살아내기 위해 시도하고 있는 여러 대안운동들, 예컨대 대안목회, 대안교육, 대안문화, 대안복지, 대안 경제, 대체에너지 등을 서로 공유하고 있습니다. 더 나아가 하나님의 피조물에 대한 남다른 애정도 공유하고 있습니다.

교회, 땅에 있는 하늘나라! – 공동체 교회

"날마다 마음을 같이하여 성전에 모이기를 힘쓰고 집에서 떡을 떼며 기쁨과 순전한 마음으로 음식을 먹고, 하나님을 찬미하며 또 온 백성에게 칭송을 받으니 주께서 구원 받는 사람을 날마다 더하게 하시니라."(사도행전 2장 46,47절)

공동체라는 말이 이제 우리 기독교인들에게는 매우 친숙한 언어이지만, 사실 우리 한국교회의 역사 속에서만 보더라도 초대교회의 회복 또는 교회의 갱신과 관련되어 사용되어 왔습니다. 한국의 수도공동체는 중세 서양교회의 수도원과 교회의 갱신이라는 이상을 공유하고 있습니다. 그런데 한국교회 선교 100주년에 즈음하여, 아직은 한국의 교회들이 저마다 한 주 한 주가 다르게 성장을 거듭하고 있을 시기에, 교회의 갱신과 본질회복을 꿈꾸며 서울 중심가 한 복판에 기존의 교회 형태와는 사뭇 다른, '공동체성'을 표방하는 교회가 설립됩니다. 이 교회가 소위 '공동체 교회'로 알려진 '사랑방 교회'(정태일목사)입니다. 1984년 부활주일어간 서울 종로6가에 '살림'(삶)의 중심지를 잡은 사랑방교회는 이후 한국교회에 이런 저런 일들로 신선한 자극과 도전을 주게 됩니다. 초창기에 사랑방교회와 함께 했었던 어느 목회자는 이 공동체 교회를 '당시로서는 본 바도 들은 바도 없는 교회상'이었다고 회상합니다. 아마도 당시에는 '공동체 교회'라는 말자체가 참 낯선 언어였을 것입니다.

그렇다면 사랑방교회는 어떤 이유로 자신을 '공동체 교회'라고 규정할까요? 교회의 창립정신에 나타난 한 대목에서 그 실마리를 얻을 수 있습니다. "교회의 본질은, 하나님께서 복음의 결과로 이 땅에 허락하신 보이지 않는 하나님 나라의 보이는 견본이며, 교회의 본래적인 삶은 예수 그리스도 화해의 십자가를 근거로 성령에 의해 이루어지는 공동체적인 삶(성령의 코이노니아) 입니다." 쉽게 말하자면, 교회는 이 땅에 있는 하나님의 나라이기에, 교회의 성도들은 성령 안에서 공동체적인 삶을 살아야 한다는 것이지요. 그리고 창립정신이기도 한 교회의 '하늘나라 됨'과 '공동체적인 삶'을 구체적으로 실현하기 위해, 사랑방 교회는 '감격 있는 공동체 생활', '교육 목회의 실현', '선교적인 삶'이라는 세 차원의 삶을 추구하고 있습니다. 즉 교회는 공동체이여야 한다는 믿음이 그들 자신을 '공동체교회'로 고백하게 한 것입니다. 이와 같은 교회의 본질에 대한 고민은 선교 100주년을 맞이하여 더욱 교회의 성장에 힘쓰기를 다짐하는 한국교계에게는 서울 한 복판의 이단아들 그 이상도 이하도 아니었을 것입니다.

그런데 이 사랑방교회가 교계의 주목을 끌게 된 요인은 그 본질적인 내용보다는 겉으로 드러나는 교회의 독특한 행동양태들 때문이었습니다. 이 교회는 개척 초기부터 교외의 전원지역을 옮겨 다니며 주일예배를 드렸습니다. 물론 아직 성도들에게 자가용이 없던 시절이었기에 기차나 버스 같은 대중교통을 이용하였지요. 그리고 예배당은 교회 이름처럼 한국의 고유한 사랑방 분위기가 물씬 배어나왔고, 공동체적인 삶을 훈련하기 위한 '공동체 훈련' 자료들이 많이 생산되었으며, 예배당의 쓰임새 역시 기존의 예배만이 아닌, 당시로서는 불경스러울 정도로 다양한 용도로 활용되었지요. 물론 이런 독특한 행동양태들은 모두다 사랑방교회 지체들이 그들의 창립정신을 하나하나 담아내는 그릇들입니다. 그렇지만 이 그릇들에 대한 호기심 또는 관심은 많은 한국교회들에게 교회의 본질과 그것을 담아내는 형식에 대해 깊은 고민을 하도록 유도했습니다. 이제 교회의 갱신과 본질을 고민하던 한국교회는 동광원이나 예수원 같은 수도공동체에서 보았던 가능성을 이제 사랑방 교회와 같은 공동체 교회에서도 볼 수 있게 되었습니다. 그런 점에서 사랑방교회는 한국교회의 공동체 운동을 보다 깊고 다양하게 해 주었습니다. 사랑방교회는 공동체에 대한 이해를 보다 신학적으로 체계화시켰고, 공동체의 유형이 이제는 이 땅에 더 다양하게, 즉 기존의 수도공동체와 교회공동체로 존재하도록 해 주었습니다. 사랑방교회는 지금도 많은 목회자들에게 교회론의 풍부한 내용을 제공하고 있고, 다양한 목적의 공동체를 꿈꾸는 젊은 신학도들에게는 영감을 얻게 하며, 심지어 교회가 가진 환경은 대도시 주변의 '전원교회'들에게 좋은 본보기가 되고 있습니다.

가난한 사람들을 위하여! – 목적 공동체

"내가 주릴 때에 너희가 먹을 것을 주었고, 목마를 때에 마시게 하였고, 나그네 되었을 때에 영접하였고, 헐벗었을 때에 옷을 입혔고, 병들었을 때에 돌보았고, 옥에 갇혔을 때에 와서 보았느니라."(마태복음 25장 35,36절)

한국교회 선교 100주년을 지나 1990년대에 접어들자 서울을 중심으로 대도시들에는 세계에 내놓아도 손색이 없는 굵직굵직한 교회들이 여기저기 생겨났습니다. 한국사회가 살찌자 덩달아 교회도 살이 쪘습니다. 이제는 더 이상 굶지 않아도 됩니다. 그럼에도 불구하고 이 사회는 아직도 배가 고픈 듯 먹을 것을 찾되 가난한 자들의 몫을 찾고, 교회마저도 역시 만족할 줄 모르니, 이웃에 누가 있는지 되돌아 볼 마음이 없습니다. 저마다 부자가 되겠다며 버리고 떠난 시골은 가난과 질병에 노출되어 있고, 배부른 도시 뒤편에서 범죄자가 되어 방황하고 있는 청소년들은 가족과 사회로부터 버림당하고 있습니다. 장애를 가진 노약자들은 어떻고요. 물론 사회와 교회가 그들을 모른 채 하진 않았습니다. 그들에게 끊임없는 관심을 베풀었지요. 그러나 그들의 관심과 배려는, 그 관심과 배려를 받아야 하는 이들의 자존심을 상하게 하거나 때로는 분노하게도 만들었습니다. 공교롭게도 베푸는 이들의 '선행'은 그들 자신을 위한 것일 뿐, 베품 받는 이들에게 감동을 주지 못했고, 오히려 서로 간에 구별의 장벽만 더욱 높여 놓았을 뿐이었습니다. 바로 이런 시기에 우리는 세 번째 유형의 공동체를 만나게 됩니다.

세 번째 유형의 공동체는 이 땅에 소외된 '시골'과 노인들과 재소자들과 장애인들을, 구제나 선교의 대상이 아닌, '그냥 함께 살아야 할 형제요 자매'로 고백하는 기독교인들이 세운 사역 중심의 '목적 공동체'입니다. 이 유형의 공동체들은 단순한 기독교 복지시설이나 공동생산시설과는 분명히 구별됩니다. 이 공동체들 역시 앞서의 두 유형인 수도공동체나 공동체 교회처럼, 교회의 갱신과 본질회복, 그리고 이 땅에서의 하나님 나라 삶에 대한 깊은 묵상과 고백이 있습니다. 이 목적 공동체들은 1990년대에 본격적으로 형성되기 시작하여 지금 현재 한국교회에 가장 많이 세워져 있는 공동체 유형입니다. 그 대표적인 몇 공동체를 소개해 봅니다.

1980년대 중반부터 경상도 지역의 지리산 자락 '시골'들을 찾아다니며 농촌 사람들 섬기기를 수년 동안 해온 기독청년들이 있었습니다. 이 청년들은 특히 교회가 없는 마을에 들어가 전도하여 교회를 세운 뒤에는 목회자를 청빙하여 교회를 물려주고 또 다른 마을로 옮겨 다녔습니다. 그런 일을 반복하던 그들은 아무리 전도하고 교회를 세워도 시골 농촌의 문제가 근본적으로 해결되지 않고 있다는 사실을 발견합니다. 그들의 고민은 깊어졌습니다. '가난한 자들에게 어떻게 복음을 전하며 섬길 것인가?' 유일한 해결책은 시골에 들어가 그들과 더불어 농부가 되어 시골 아낙네가 되어 함께 사는 길밖에 없다는 사실을 고백하게 됩니다.

그렇게 하여 그 청년들 중 형제들은 농부가 되었고, 자매들은 시골 아낙네가 되었습니다. 바로 이들이 1991년에 세운 공동체가 경상남도 산청 어느 지리산 능선아래 자리하고 있는 '민들레 공동체'입니다. 이 공동체(대표 김인수 전도사)는 자신들을 '선교와 삶이 완전 통합된' 공동체라고 소개합니다. 농촌을 선교 대상으로만 생각하면, 나는 도시인으로 남을 수 있습니다. 이때 선교와 삶은 다릅니다. 단지 내 삶의 일부를 선교대상들을 위해 사용하는 것일 뿐이지요. 그러나 선교와 삶이 하나가 되면, 선교의 대상과 선교하는 자의 삶의 장이 하나가 되고, 이어서 선교가 곧 삶이요 삶이 곧 선교가 되는 것입니다. 민들레 공동체의 지체들은 '예수님의 제자로서 살아가는 삶'을 살며, 자신들의 공동체가 농촌의 가난한 사람들을 위한 해답을 내놓을 수 있기를 희망하고 또 그런 확신에 차 있습니다. 그들은 노약자, 장애인, 어린이, 여자들이 행복한 공동체를 만들어 가고 있습니다. '노인은 존재자체로 공동체에 의미가 있다'는 그들의 고백은 결코 빈 말이 아닙니다. 이들은 또한 '거룩한 언어들'을 너무 남발하고 있는 한국교회에 대한 고민을 가지고 있습니다. 그래서인지 그들은 자신들의 공동체 삶으로 실험되지 않은 것에 대해서는 침묵할 줄도 압니다. 민들레 공동체는 오늘도 '지속가능하고 행복한 마을을 만드는 꿈'을 꾸고 있습니다.

이번에는 시골도 아닌 대도시 서울 뒷골목에서 폭력의 사슬 가장 하부구조를 구성하고 있는 소년원 출신 청소년들을 찾아 그들과 더불어 살아가고 있는 공동체가 있습니다. 이 공동체는 1992년 4월에 서울 강남 중심부에서 시작되었지만 지금은 경기도 포천시 깊숙한 시골마을에 자리 잡고 있는 '그 나라 공동체'(대표 윤공부 목사)입니다. 그냥 오갈 데 없는 소년원 출신 청소년 둘을 데려다 자신의 아이들과 섞어서 함께 살아 버린 것으로 시작된 이 공동체는, 구성원이 구성원인 만큼 공동체 내부에 탈도 많고 말도 많았다고 합니다. 함께 살던 청소년들이 떠나려 할 때 제일 상처를 받는다는 그 공동체의 지체들은, "나가더라도 힘이 들면 언제든지 다시 돌아와라."는 말을 꼭 일러준다고 합니다. 왜 함께 살던 아이들이 떠날 때 제일 상처를 받을까? 그것은 사랑했기 때문입니다. 그러면서 "예수님도 우리를 너무 사랑 하셔서 상처 받기 위해 이 땅에 오셨다." 는 그들의 신앙고백은, 듣는 이들을 숙연하게 만듭니다.

이 공동체는 이 나라 청소년들이 예수처럼 푸르게 자라기를 바라는 마음에서 '참나무 청소년학교' 세우고, 이 공동체 안에서 자라나는 청소년들이 하나님 나라의 미래이고, '그 나라'의 소재라고 자랑스러워합니다. 이 공동체의 설립 계기는 의외로 매우 소박합니다. 설립자 윤공부 목사는 이렇게 말합니다.

> "내 마음에 하나님이 계시니 다른 모든 것을 떠나서 그리스도인은 하나라는 생각을 했습니다. 그래서 모두가 한식구가 되어야 한다고 생각하게 되니 도전의식이 생기게 되었습니다. 그래서 우리 식구만 단란하게 사는 것보다 공동체를 꿈꾸게 되었습니다. 처음에는 마음이 맞는 사람과 하고 싶었는데, 기도하다 생각지도 않게 소년원에서 갈 곳 없는 친구들 데리고 와 시작하게 되었습니다. 방을 따로 얻는 것이 아니라 우리 가족과 함께 생활을 하게 했습니다."

이상으로 한국교회에 있는 공동체들의 세 유형을 살펴보았습니다. 역사적으로 가장 빠른 수도중심의 공동체로는 동광원, 예수원 등이 있고, 교회 중심의 공동체로는 사랑방교회가 있으며, 어떤 특정한 대상을 선교할 목적으로 시작된 목적중심의 공동체로는 민들레공동체와 그 나라 공동체 등이 있습니다. 그런데 이들 세 유형의 공동체들은 각자 고유한 특성들이 있고, 같은 유형의 공동체들 사이에도 나름대로 뚜렷한 특성들이 있습니다만, 이런 각자의 독특한 고유성보다는 서로 공유하고 있는 부분들이 훨씬 더 많습니다. 우선 서로가 가진 공동체의 영성을 공유하고 있습니다.

그리고 공동체가 공동체 삶을 살아내기 위해 시도하고 있는 여러 대안운동들, 예컨대 대안목회, 대안교육, 대안문화, 대안복지, 대안 경제, 대체에너지 등을 서로 공유하고 있습니다. 더 나아가 하나님의 피조물에 대한 남다른 애정도 공유하고 있습니다. 이런 것들은, '교회는 그리스도의 몸이요 땅에 있는 하나님의 나라'라는 고백 이 공동체들로 하여금 자본주의가 가져온 한계들을 극복하는 새로운 대안운동들을 고민하게 한 결과입니다. 이런 한국교회의 공동체 운동들이, 때로는 한국교계와 사회에 물의를 일으키는 사이비 이단들의 집단생활과 혼동되어 오해를 받기도 합니다만, 분명한 것은 한국교회사에서 매우 중요한 평가를 받을 수 있는 기독교 운동이라는 점입니다.

삼천리 반도 금수강산

남궁 억 작사
도니세티 작곡